SKY-HI
マネジメントのはなし。

あなたは改革を実現できる。

日経BP

はじめに

『日経エンタテインメント！』での連載の話が来たのは、2021年3月、オーディション「THE FIRST」の放送が始まる前に取材を受けたときでした。

僕は20年9月に、どこからも完全に独立した組織としてマネジメント／レーベルである「BMSG」を立ち上げました。なぜ会社を立ち上げたのか、BMSGの意義は何か、僕が何を課題としているのか、BMSGがどこを目指すのかなどを、しっかり世の中にアピールしたかったし、設立以降、会社のプロモーションとして何かできることはないかと考えていました。そんなときにいただいた連載の話は、とてもありがたかったです。

今の時代、「日本の芸能は変わらなくてはいけない」「今が変わるときだ」というのはいろいろな方が語られていると思いますが、「こういうところが変わるべきだ」「こういうふうに変わるべきだ」に対して〝ちょっと同じだけど、ちょっと違うな〟と感じることも多かったのです。

「THE FIRST」から今に至るまで様々な機会に話してきましたが、自分の中には、メジャーとアンダーグラウンド、様々なシーンの中で音楽を作る仕事を十数年続け、さらにはアーティストでもあるからこその「どう変わるべきか」がありました。

例えば、アーティストとして在るべき姿としては、「クオリティファースト」「クリエイティブファースト」「アーティシズムファースト」の3つの「ファースト」を軸とすべきだと考えていたし、たとえボーイズグループであっても、その3つの「ファースト」は、何ら変わることなく必要なものだと考えています。それが「THE FIRST」であり、そこから生まれたBE:FIRSTです。

　同時に、マネジメントの組織としても音楽レーベルとしても、これまでの常識にとらわれることなく、本質に立ち返ったうえで変えていかなくてはいけないこともたくさんあります。

　僕は、BMSGをスタートアップ企業だと捉えています。スタートアップは、そもそも社会が持つ課題に対して、自分たちができることで解決するために始めるものだと思っており、僕らは、音楽芸能のスタートアップですから、自分たちで解決できる可能性のある音楽芸能の課題に向き合っていこうとしています。

　BMSGを立ち上げて以降、様々な人と話すなかで感じるのは、あまりにも自分にとっての「普通」、つまり、音楽マネジメントとか音楽レーベルの「普通」が世の中にまだ知られていないこと。また、ファンの側も「どうしてこうなっているんだろう」を考えずに、「アーティストのため」を掲げて応援していると感じることもあります。

　それらに対して、僕らが世の中の音楽芸能の「普通」をアップデートしていきたいという気持ちが強くあります。

　例えば、音楽業界のビジネスモデルが、いまだに業界がバブルに沸いた30年前の成功体験を引きずったままであり、特にアイドル的なアーティストの場合、CD偏重の「売る仕組み」に頼りすぎていることもそうです。簡単に言えば、ファンも「たくさん買うこと」を応援の形と捉えていることが多いですよね。

　もちろんたくさん買っていただくのはありがたいし、ファンの立場からすれば「所有する」楽しみもあります。けれども、そこに無理やストレスが生まれるようでは、本末転倒です。要は

歪（いびつ）なシステムの上に成り立っている応援の形と言えるでしょう。だったら、やっぱり直していったほうがいい。

　アーティストに対しては、例えば前述の「クオリティファースト」「クリエイティブファースト」「アーティシズムファースト」の3つを基本に、自身がステージに立って表現する覚悟を持ってほしい。世に出ればいいこと悪いこと、いろいろ評価されるのがアーティストという仕事です。さらに、忙しさに心が折れそうなこともあれば、何年も続けていれば、レコーディング、リリース、ツアーなど、意外に単調であることにも気づいてくる。

　だからこそ、「自分がなぜこの活動をしているのか」という軸と覚悟を持ってもらう必要があります。

　そうした、もはや形骸化している音楽業界の「普通」を変えながら、僕らが目指しているのは「世界」です。

　BMSG設立時に掲げたその挑戦はまだ始まったばかりですが、1つひとつのリリースや施策をはじめ、BMSG全体としてのフェス開催、はたまた様々な外部とのプロジェクトを通し、トライ＆エラーを重ねるなか、その夢に少しずつでも近づけている手応えを感じています。

　本書では、21年4月の「THE FIRST」の放送前から22年9月の初の自社興行フェス「BMSG FES '22」の頃までの連載を1冊にまとめています。

　Part1ではオーディション「THE FIRST」の始まりから、BE: FIRSTの結成まで。「普通」のボーイズグループを目指す既

存の芸能事務所やオーディションでははみ出してしまう才能の
持ち主や、これまで自分の才能を生かす場所のなかったボーイ
ズたちに対し、「才能を殺さない」を掲げた僕が、何を重視
し、どう彼らに接し、才能を伸ばそうとしたのか。また、なぜ
BE:FIRSTに今の7人を選んだかを中心に話しています。

　続くPart2は、21年8月のBE:FIRSTのプレデビューから11
月のメジャーデビューを経て、「THE FIRST」の卒業式と銘
打ち、BE:FIRSTとは別の道を進んだボーイズもステージに上
ったライブイベント「THE FIRST FINAL」の頃までの連載
で、好スタートを切ったBE:FIRSTをいかに育てていくかを軸
に、僕の考えと取り組みを語りました。

　そして、最後となるPart3では、「世界」を見据えるBE:
FIRSTにとって今、しっかり成し遂げる必要があった全国ホー
ルツアーの開催やロックフェスへの出演などの意義や振り返り
がメーンのトピックとなっています。

　この1年半ほどで会社の規模は、社員数人から30〜40人
ほどに拡大し、大企業さんと一緒に仕事をする機会も飛躍的
に増えました。その中で僕の「社長業」への関わりも、社長
としての意識もどんどん増し、改めてBMSGを率いる人間とし
て「社会をより良くする」ことへの責任感も強くなっています。

　社会人としても社長としてもまだまだ駆け出しではあります
が、きっとビジネスマンの方々にも共感・共鳴いただける部分
もあるのかなと思います。そして僕は、同じように夢に向かっ
て頑張る全ての人を応援しています。

PART 3
アーティスト&スタッフ増加、フェス開催
→→→ BMSG「新章」へ

PART 1

「THE FIRST」始動
→→→ BE:FIRST結成

2021

04/02 - 「THE FIRST」放送・配信スタート

04/16 - 3次審査放送スタート

05/14 - 3次審査結果発表

05/21 - 合宿「クリエイティブ審査」放送スタート

06/25 - 合宿「擬似プロ審査」放送スタート

07/16 - 合宿「VSプロアーティスト審査」放送スタート

08/06 - 最終審査放送スタート

08/13 - 最終審査、デビューメンバー発表

なぜBMSGを立ち上げ
「THE FIRST」を始めたのか

この日のSKY-HIはダークスーツに身を包み、取材前に交換した黒い名刺には、SKY-HIの名前とともに、「CEO／Artist」という肩書き。AAAの日高光啓とも、ラッパーのSKY-HIとも違う姿で現れた。

これまでも日本の社会のあり方や音楽業界に対し、自らの意見を発信し続け、エナジェティックに活動してきたSKY-HIだが、2020年、レーベル＆マネジメント会社である「BMSG」を設立。21年4月2日からは、BMSG主催のオーディション「THE FIRST」も始まり、いよいよ自身がこれまで考えてきたことを本格的に形にするフェーズに入ったのではないだろうか。

なぜ、SKY-HIは自ら動く道を選んだのか。そこには、AAAのメンバーとして、メジャーシーンをトップから見てきた視点と、ソロラッパーとして経験したアンダーグラウンドからの視点、さらには、アジアをメインに海外のアーティストと交流することで得た外からの視点など、マルチアングルで音楽業界を見てきたからこその、ひっ迫した危機感があった。

ブレイク生むオーディション、デジタル使い熱量UP

　第一は、日本の音楽業界が仕組みとして "閉じてしまっている" ことにありました。日本の芸能界って30年ほど前に大きなバブルがあって、音楽業界ではCDバブルもありました。そのバブルのインパクトが強かったぶん、いまだに当時の仕組みの

まま変わっていないことがたくさんあるんです。

　例えば、ミュージックビデオ（MV）の制作予算。いまだに日本の多くのメジャーレーベルが、CDの売り上げから逆算する形で組んでいる。でも、今はCDがメインで聴かれる時代なんかじゃないから、「MVの制作費も安く抑えるのが当たり前」の方向に進んでしまっています。

　それにきちんと対応した世界の音楽市場はぐんぐん伸びていて、MVに映画1本分の制作費を掛けることもあるほど。それとは逆に、自分の部屋で作品を作って世界中に送り出す、いわゆる“ベッドルームミュージシャン”の流れもある。インターネットの時代になって、音楽業界もすべてが劇的に変わった。それなのに、日本では30年前からビジネスの仕組みがほぼ変わってない。そんな業界が残れるのか……僕は、とても危険な状況だと思っています。とにかく“閉じている”印象が強いんです。

　一方で、コミュニケーションとしては、インターネット、特にSNSを介して“開いている”環境にもなっている。30年前の感覚の業界からアーティストが世の中に出ると、実際に待っているのは“開いている”世界。表に立つことは、過剰なストレスを負うことに直結してしまう。名前が売れるほど、「幸せ」でなくなっていく状況があると感じています。半分ぐらいはやむを得ないとは思っているのですが、どう考えても負う必要の無いストレスやプレッシャーが本人たちに向けられているなぁと感じることは少なくないです。

「幸せ」はSKY-HIにとって、最近の活動の根幹にあるキーワードのようだ。

20年9月に両親の住む実家から配信したオンラインライブ「#SKYHI実家ワンマン」では、「俺が幸せである意思表示になった」と語り、1月に配信リリースしたKan Sanoとのコラボレーション曲のタイトルは『仕合わせ』。BMSGの公式ホームページには「幸せな人は一人でも多い方がいい。それは、そもそもエンターテインメントが何のためにあるのかって話だから」と記されている。

自身で会社を設立する大きなきっかけになったのは、喜びの絶頂にあるはずの瞬間に「幸せじゃない」と感じた出来事だったという。

　17年5月、2日間の日本武道館公演（SKY-HI Tour 2017 Final "WELIVE" in BUDOKAN）を終えた後のことでした。当日はもちろん素晴らしい気持ちでしたし、ファンやスタッフの方々も含め、周りのリアクションにもありがたい気持ちでいっぱいでした。でも、一方でこう感じてしまったんです。「万が一、このまま自分の評価がどんどん上がり、どんどんライブ会場の規模が大きくなったら……あれ？全然幸せじゃなさそうだな」って。

時代に適した"小型船"

かつては、会場の規模が大きくなれば"成功"と見なされ、"成功"イコール幸せと考えられていた。しかし、そこに幸せが見出せない時代にある。その理由の1つが、前述のインターネット時代に生じるストレスであり、さらにもう1つ挙げるのが、30年前に膨らんだ音楽業界の仕組みによる"動きづらさ"だ。彼は、今の日本の音楽業界を「かつてのバブルが大きかったぶん、資本やシステムが巨大に膨れ上がっていて、その姿は豪華客船のようなもの」と例える。

　豪華客船に乗らないと広い世界に出られない音楽業界の

現状は、果たして今の時代に合っているのか。自分が幸せを感じるには、根本の仕組みそのものを変えないとだめなのかもしれないと思いました。それには、怖いけれども、今の蓄えで自分の小型船を作るしかないのかもと考えました。ましてや、インターネット時代のスピードを考えたら、小型船でやるしかない。即断即決で前に進んでいける体制でやっていかないと。

それが、マネジメント&レーベルBMSGの設立につながった。

　当初は、個人事務所にするか、韓国のAOMGとかHI-LITE RECORDS（20年解散）のようなマネジメントレーベルのあり方に近い形にするか、つまり自分のレーベルを立ち上げて、スタンスが近かったり共鳴するアーティストを加えていく形にするか、悩みました。去年は芸能界で事務所からの独立が目立ちましたが、当然、個人事務所にすれば実入りが大きい。

　一方で、自分以外の人を抱えて、会社を大きくしようと思うほど、特に初期は出費が恐ろしいし、蓄えてきたお金も評価も、ものの2年くらいで水泡に帰す可能性もあるわけです。「やっぱり日本では無理かもしれない」「日本と海外は違う」っていう言葉が自分の中で呪いのようにあって。それでも豪華客船では水の合わない人たちの中にこそ才能が眠っているのを感じていましたし、絶対に自分のためにも音楽業界のためにも必要なはずだと思って、後者を選びました。

　その間にも僕の元に、シンガーやラッパーから「居場所がない」っていう相談が、どんどん増えていたんです。ダンスも歌もうまくて、さらにイケメンで……表に立てる才能が、「やりたいけれども、やる場所がない」という理由で、バックで踊る仕

事をしていたり。

インターネットで個の時代が来たことで、音楽で食っていくってことに関しては相当ハードルが下がったと思うんです。インディーズでやっているヒップホップアーティストなんかは、すごく暮らしやすいはずなんですよね（笑）。でも、例えばダンス＆ボーカルの才能を持つ子がインディペンデントで思うがままに活動できるかっていうと、それは難しい。

ここ数年、日本の優れた才能が、10代前半から韓国語を学び現地で暮らし、韓国で活躍の場を得ていますが、それが可能な家庭や環境ってやはり稀だし、今まで日本は、どれだけの才能を損失してきたんだろうと思います。日本をベースに活動し、世に出た人も、30年前の仕組みのままの業界の状況によって、いったいどれだけの才能が死んできたのか。そう考えたときに、「才能を殺さないために」というBMSGのステートメント（理念）が生まれました。

日本の才能を殺したくない

「才能が国外に流出するのは当然の状況」とSKY-HIは語る。

なぜK-POPがこんなに盛り上がっているのか。目線の数だけ見方があると思いますけど、僕はシンプルに「クリエーティブを最優先に考えていて、そのうえで最近はアーティシズムまで出だしたから」だと思います。06年のBIGBANGの登場以降は特にそう感じます。BTSに至ってはスタンスやメッセージを入れることにも成功している。カウンターカルチャーってそういうところから生まれると思うんですよね。みんなが前を向い

て進んでいるときに。

　でも、今の日本でそれが生まれる予感がほぼないんです。やっぱり業界自体に元気がないから。そうなると、才能も集まらない。才能は生かしてくれる場所や高く買ってくれる場所に集まるから、今、みんながこぞってYouTubeを始めるのも当然の流れですよね。

　インターネットのスピード感で言うと、ムードや潮流って3カ月ごとぐらいに変わります。そのスピードで新陳代謝して作り直し続けているイメージが、韓国は強いです。追随するように、他のアジアの国々もどんどんレベルを上げています。20年くらい前までは日本がアジアNo.1のエンタテインメント大国だったなんて、今の若い子に言っても信じてもらえなそうですよね（笑）。

　だから、自分が日本でそれをやります。まず初めに大事なのは、旗を揚げること。日本に人的資源が豊富なことは分かっていたので。彼らが一様に口をそろえて言うのが、「日本国内に行きたい事務所がない」。今回のオーディションでも、特技に「韓国語」を挙げた子も少なくない。そんな状況だからこそ、まず、旗を揚げることが大事だったんです。

　僕自身が影響力を持った状態で「やる」と声を上げるのであれば、それが説得力に変わり、ローティーンから20代まで、同じような意志を持った子には届くと思ったし、集まってくれるだろうと思っていました。自分が現役のアーティストであるからこそ、自分がどんな行動をして、自分の中にあるもやもやとした感覚を1つひとつ言語化していけば、共鳴してくれる人はい

ると信じていました。

すでに20年10月、BMSGで契約した19歳（当時）のヒップホップアーティストNovel Coreのシングルを、BMSGとエイベックスが共同設立したレーベル「B-ME」からリリース。次いで「THE FIRST」では、ボーイズグループの誕生を目指す。

その「THE FIRST」は、21年4月2日から『スッキリ』（日本テレビ系）で放送を開始。その夜にHuluで完全版を配信する。Huluと『スッキリ』と言えば、20年、NiziUを生んだ「Nizi Project」の座組だ。『スッキリ』でのオーディション密着企画が決まったのは、BMSG代表取締役CEOとして自ら日本テレビに足を運び、「ダメ元でプレゼンした結果」だという。今後、地方での審査の様子から東京での審査、合宿の模様などが次々に番組で流されていく。

一方で、「PRODUCE 101 JAPAN SEASON2」をはじめ、Big Hit Japan（現HYBE LABELS JAPAN）による「&AUDITION」、さらには「Nizi Project」の男性版など、大型のボーイズグループオーディションも複数予定されている状況だ。その中で、「THE FIRST」は、どんな特徴を打ち出すのか。

「人を選ぶ」という重圧

　例えば、JYP（エンターテインメント）がオーディションをやるとなると、TWICEなど過去のロールモデルがあるから、ワールドスターになる道が割と明確に見えている。高校野球の甲子園常連校の選手にはプロ野球やメジャーリーグが見えているというのが「Nizi Project」の状況だとしたら、うちは1年目の新設校が甲子園常連校に挑んでいくみたいなものですよね（笑）。

「THE FIRST」のステートメントは、「クリエイティブファースト、クオリティファースト、アーティシズムファースト」。今まで自分が活動してきて、日本の大手芸能事務所でそれらを掲げているのを見たことない、ということが、自分の1番の疑問でもあり憤りでもあったので、僕はそれをやります。自分のスタイルやスタンス、メッセージがあることを大切にすると掲げたオーディションなので、それらをちゃんと見られて、さらに磨いていける場にしたい。そこが他のオーディションとの違いです。

実際には、たくさんの応募が集まり、当初はクオリティーの高さにワクワクしていましたが、次から次に他のオーディション番組が発表され、「審査会場に誰も来ないんじゃないか」って、正直怖かったです。でも蓋を開けたら、事前審査で「絶対見たいな」と思っていた子たちはほぼ全員来てくれました。「クリエイティブファースト、クオリティファースト、アーティシズムファースト」「才能を殺さないために」といったステートメントやSNSでの自分の発信に共鳴して来てくれている子が多くて、こんなにいるんだなと。その意味で、やってよかったなって救われる思いもあります。ただ、リスペクトしてくれるのはありがたいんですが、合宿中に1回くらいタメ語で話してほしいという密やかな目標はあります。

オーディションの審査をすることで、人が人を選ぶ業の深さも感じています。育成のプロセスとしての合宿なのに、人数を減らしていかなくちゃいけない……つらいですね。残っている子が夢に出てくることもあるけれど、脱落した子と話している瞬間とかは毎晩夢で見ます。だからこそ、「投票でこうなっちゃったんです」とかにしたくない。僕という1人の人間が独断と偏見で選ぶという責任を負う必要があるし、その選考内容

は番組内でしっかり開示していく必要はあるなと思っています。

"音楽と仲が良い"才能を

オーディションのステートメントには、「次の10年で（K-POPに）本気で追いついて、アジアから世界へ新しい風を巻き起こすつもりである」とある。あらゆるシミュレーションをしながらデビュー後の体制作り、アルバム制作の準備を進めている。

　体制としては、1アーティストに対してのコアスタッフの人数は、極力少な目にしたいです。意思決定に確認を費やしたくないから、というのが最大の理由ですけど、もう1つは、そのほうがいろんなところと仕事ができるから。日本にはワールドクラスのビートメーカーが何人もいるのに、日本からそういうボーイズグループが出てないことがおかしいんですよね。

　アルバムは22年を予定して、今準備を進めています。ただ、まだスキームがないので、完成までに試行錯誤を繰り返して難しい作業になるかと思います。合宿中の課題曲を通して、本人たちのクリエーション能力も高めていかないといけないですし。

最後に残るのは5人の予定。バランスをどう考え、どんなグループを目指すのか聞いた。

　「才能」っていう言葉を、最近僕は意識して使うようにしているんだけど、自分が彼らに1番望んでいるのは、自分が持っている才能、特徴、特性、個性、武器みたいなものを、バランスをとるためにマイナスにしないでいいグループであってほ

しいということ。サッカーではよく、「自分を殺すチームワークは要らない」って言いますが、それを目指していますね。

　作りたいのは、"音楽と仲が良い"グループです。人が作ったメロディーやトラックであっても、誰かのセンス任せではなく、感覚値としてちゃんと把握できるまで自分なりに落とし込めること。ダンスならその振りがどこから生まれているのか、キックの何を拾っているのか、グルーヴってそもそも何なのか、座学じゃなくて肌とか耳で感じられること。思考が停止されてない、意志のあるボーイズグループでいてほしい。そうでないと、いつか音楽を嫌になっちゃうと思うので。

　耳目を集める存在というのはどうしても過剰なストレスと切っても切れないので、そうなったときにどう踏みとどまれるかって言ったら、音楽への愛情しかないんですよね。それをメンバーみんなが持っていたら同志をリスペクトし合えるし、自分自身のこともリスペクトできる。今の日本で"音楽と仲が良い"ボーイズグループは、なかなか見ることができないけど、音楽と仲が良いボーイズグループは世の中から求められているし、絶対に必要なんです。そこですべては始まります。

02

「自分を見ている人がいる」が
成長につながる

2021年中に新しいボーイズグループの誕生を目指し開催されているオーディション「THE FIRST -BMSG Audition 2021-」。このオーディションを主催する「BMSG」のCEOを務めるのが、AAAでも活躍するSKY-HI（日高光啓）だ。

経営者であり、オーディションのオーガナイザーとしての役割のもと、才能のある若者を選び、育成し、世に出す──そこには、ビジネスマンにも共通する視点があるのではないか。今回はSKY-HIがどんな理由からいかなる才能を求めているのか。また、その先にあるものは何なのかを聞く。題して「才能の見極め方」。

　コロナ禍のため、東京以外の2次審査はリモートで開催しました。ただ、リモートだとシンプルにダンスや歌唱、ラップの根本的なクオリティーは分かるけど、それ以上の部分は見えにくかった。歌に関して言えば、ピッチやリズムが外れていないか、ダンスでは振りをきちんと覚えて上手に踊れるかという力を見たのが2次だとすれば、3次審査以降は「自分が音楽を鳴らす」ことへの意識の有無が大きなポイントになってくるのかなと思います。

　3次審査で残っているのは15人（21年5月22日現在）。選ぶ角度を変えたら全然違うメンバーが残る形になったかもしれま

せん。答えは結果論でしかありませんが、そこに対して複雑な思いはありますね。

SKY-HIは「THE FIRST」の審査の基準として、「クオリティファースト」「クリエイティブファースト」「アーティシズムファースト」の３つを掲げているが、そのうちの「アーティシズムファースト」が、次なる課題となる。「アーティシズムファースト」の審査で才能を見極める重要な要素の１つが、「本人と音楽との距離感の近さ」だ。

　僕はステージに立つ人間である以上、「その人が立つこと」に意味が出ないといけないと考えています。その人が歌うこと、ダンスすることに意味が出ないといけない。例えば、２時間程度のライブでステージに立つなら、決して長くないその２時間で、ちゃんと音楽を通してストーリーを紡ぐことができる人間かどうかを重視しています。

　もちろん人前でパフォーマンスしたい、目立ちたいという夢も、モチベーションとして素敵なのですが、それがかなってしまうと、成長も止まるし、クオリティーの追求も難しくなる。根本のところで「音楽をやること」に強いモチベーションを持っていることはパフォーマンスする側にとってもすごく大事ですし、僕自身が新しいグループを作るのだから、そういう才能を集めないと意味がない。

　「自分をうまく見せたい」のではなく、「楽曲をよく響かせたい」という意識が強い人を求めています。例えばダンスを踊るときに、取る音がたくさんあったり、パフォーマンスとして派手に見せたい場所で難しいムーブがあったとしても、それは「手段」であって「目的」ではないわけです。歌唱の場合で

も、どんなメロディーを歌っても存在感を出せることと、何を歌ってもその人になってしまうことは、すごく似ているけれども真逆なことだったりする。発声の種類を増やしたり、声の響く場所を覚えることで、後者も改善できるかもしれませんが、その前段階の意識として「自分の歌を見せたい」が強ければ、改善にも対応できない。ダンスも歌も「自分をよく見せたい」が強いと、そこで成長は止まってしまうし、グループになった場合、浮いてしまうことが多いんです。

「本人と音楽との距離感の近さ」は、今後の成長力に大きな影響を与える、とSKY-HIは語る。一方で、既存の日本の育成システムには、アーティストを目指す才能の音楽的な資質や志向を生かす仕組みがないことも問題点として挙げる。

　本人の志向する音楽、ミュージカリティーみたいなものがパフォーマンスから見えると、それが研ぎ澄まされていった形も見えるし、こちらも今の課題を克服するために採用するメソッドやトレーニングなどを的確にサポートできるんです。一方で「Be Myself（自分のままで）」をメッセージとして掲げている以上、決めたカラーに無理やり当てはめるのは本末転倒です。「出していくものがカラーになっていく」ことこそあれど、そのカラーやコンセプトありきに進めてしまうのはすごく危険。特に、候補生に将来性のある10代も多く抱えていることを考えると、そこはすごくきちんと考えないといけない。そういった意味では、年齢にかかわらず、「成長した姿に責任が持てる」人を選んでるっていう部分はありますね。

　今回、ローティーンの才能に出会って、改めて日本の芸能の課題を感じました。13〜14歳くらいの子ってネイティブなラ

ッパーが多く、ラッパーとしての技量や表現が成熟しているんです。逆に20代のほうがそこが足りない子が多い。ラップができる13〜14歳くらいの子がどうしてダンス＆ボーカルを志向できるのかというと、それこそK-POPがあって、ラップもダンスもボーカルもうまくなることが必要だし、それが普通という状態に意識がアップデートされているんです。僕自身、グループもやりながらソロでラッパーとしても活動してきましたが、僕のような活動をしている人は韓国にはたくさんいる。こういうスタイルの人間が日本にあと3〜4人いれば、状況は違ったんだろうなと思います。

「見ている」ことを伝える必要性

応募してくれた子たちを通して、新しい才能を見られるのは単純に喜びでもあるんですが、同時に、「受け入れてくれる人がいる」「見てくれる人がいる」ことを本人に感じてもらうのが、すごく重要だなと感じることも多いんです。

韓国の練習生システムのいい部分は、登る山がはっきりしてるので目標もはっきりしてるし、評価してくれる人が常にいるので、成長しやすい環境だと思います。逆に悪い部分は、生殺与奪の権を握ってしまうので、評価する側がおごりやすいこと。そこは今後さらに自分も意識しないといけないと思うところです。

今の日本国内だと技術を磨けるスクールはすごくたくさんあるんですが、実際に自分を見てもらえる場所は少ないと認識しています。ちゃんとフラットにパフォーマンスを評価できる場って本当に限られていて。評価する側の人が経験しているエ

ンタテインメント自体が20年前のものだったりとか、昔の成功例に引っ張られていたりとか。スクールはあれど、育成システムとしては危機的状況なのかもしれない。

　応募してきたローティーンの子が「これが最後のオーディション」と言っていたのが印象的でした。最初は「最後」という意気込みで言っているのかなと思ったら、結局は自分が志向していない音楽を押し付けられたり、出たくないオーディションを強制させられそうになったりという育成システムそのものに絶望している。僕自身、これまでに違和感のある指摘や評価を与えられてきたことがあり、そうやって腑に落ちなかったものに対して「時間がたってから理解できた」ケースは一切ありませんでした。

　だからこそ、自分に共鳴してくれたり、自分の曲を聴いて応募してくれる人たちがいる「THE FIRST」では、彼らの意志や実力を絶対に受け入れることを大切にしました。短所を修正するのは合宿以降でいい。とにかく合宿段階では長所を伸ばすことを大切にし、自分が活躍できる場所を探してここに来た子たちに、自分を見てくれる人がいることを強くアピールしたいと思いました。実際に今後デビューまでの歩みをともにできるかは別ですが、「評価を下す」のではなく、「好意的に見る」「好意的に向き合う」ことが、長期的に見て彼らの成長につながることになると考えています。技術面での課題を明確に伝え、ちゃんと見たという明らかなコメントを、3次審査に参加した30人には渡しています。

　今回のオーディションは、もっとバラエティ的な見せ場を増やしたり、ソーシャルで盛り上がる要素を入れて話題作りをす

るアプローチもあるのかもしれません。もちろん番組が盛り上がるに越したことはありませんが、最終的な目標は、彼らの才能を消費してそういう番組を作ることではなく、才能を伸ばして、クオリティーの高いものを世の中に提示すること。そう考えると、優先すべきなのは、彼ら1人ひとりが成長し、クオリティーを上げるためにはどうしたらいいか、そのためには何を伝えればいいかだと思うんです。その哲学は見失ってはいけないことだと考えています。

03

\# 評価の方法　\# 課題の伝え方
\# 人を育てる

オーディションで順位を付ける
意味と難しさ

オーディションを行うとき、合格したかしなかったかを告げるだけなら、順位を公開する必要はない。だが、自身が主催するオーディションで、SKY-HI（日高光啓）は参加者の順位を公開しながら、オーディション参加者の評価をしてきた。30人から15人に絞り込む2日間にわたる3次審査では、1日目の最初と2日目の最後（通過者発表時）に、順位を発表している。そして、それが予想外の事態も引き起こすことになった。彼があえて順位を付けた理由は？そして感じた難しさとはなんだろうか？

　僕が全員を見て、僕自身が次に進む子を選ぶわけですから、必ずしも順位付けは必要ではなさそうなものですが、やっぱり本人たちのモチベーションを上げるためには必要だと考えました。ただ、本人たちには、あくまでも今の実力の場所を示すものであって、"暫定"であることは繰り返し伝えました。

　3次審査で残っているのは15人（2021年5月22日現在）。選ぶ角度を変えたら全然違うメンバーが残る形になったかもしれません。答えは結果論でしかありませんが、そこに対して複雑な思いはありますね。

しかし、この3次の「順位付け」の方法がオーディション参加者、そしてSKY-HI本人を悩ませることにもなった。

高い評価がプレッシャーに

　正直に言えば、順位が下のほうの子たちのことを考えての順位付けでした。何も指標がないままに、「気づいたら落ちちゃった」では、かわいそうじゃないですか。「今はしんどいかもしれないけど、頑張ってほしい」という気持ちを込めたつもりでした。

　ただ、このとき、上のほうの順位の子が、自分の位置をプレッシャーに感じてしまうこともあるとは、全然考えていなかったんです。ある子は、自分の与えられた良い順位を受け止めきれないまま3次審査に臨んでいて、そのことを知ったのは審査が終わってからのことでした。上位にいると伸びる子、上位にいるとプレッシャーを感じる子、下位にいると伸びる子、下位にすると諦めちゃう子……本当に人それぞれなんですね。でも、それだけでの順位付けは不誠実なので、基本的には見たもので付けています。

　とは言え、合宿での4次審査では、これまで以上に僕自身が見るべきポイントも多岐にわたっていて、順位の基準もこれまでのように「歌唱」「ダンス」をいかに解釈して自分なりに落とし込んでいくかといったシンプルなものではなくなりました。

　例えば、合宿の最初に行った「クリエイティブ審査」は楽曲を作ることが課題ですが、楽曲の出来で審査するのか、その楽曲をパフォーマンスしているときに見える何かで審査するのか、あるいは楽曲制作をしているときの姿勢で審査するのか。どこを見て順位を付けるのかによって、順位はガラリと変わってきますから。

評価する側のつらさ

　もちろん、落とすために評価しているのではなく、伸ばすために評価しています。少しだけ本人の性格を加味して順位を付けたことは、少なくとも今残っているメンバーの状態を見ると、これで良かったと4割くらいは思っています。でも、本当に良かったかどうか分かるのはグループができてからですね。

　今も3次審査を見返すのは、本当に嫌なんです。見ているだけでつらいから、見返したくない……。それぞれがそれぞれに素敵な才能を持っているなか、僕が脱落者を決めなくてはいけない作業もつらかったですし。あと、出会って2、3日でその日にサヨナラする可能性もあるから、彼らが持っている課題をどう伝えるのが1番いいのかのような迷いもあって。

　その迷い自体は正しかったんだけど、後から映像で見ると、番組的にはどうだったのかな、という気持ちはあります。すごくもどかしいです。でも、今はどんどん慣れてきたので、話す順番とかテンポも含めて、番組を見ている人にももっとうまく伝わりやすくできているような気がします。

04

オーディション課題曲で
伝えたかった「意志」

30人から15人に絞り込んだ3次審査で、SKY-HIは課題曲に、自分の楽曲
『Sexual Healing』に加え、Da-iCE『BACK TO BACK』とw-inds.『Beau
tiful Now』という2つのボーイズグループの楽曲を選んだ。

Da-iCE はメジャーデビューから8年目を迎える5人組で、所属は SKY-HI
こと日高光啓の AAA と同じエイベックス。w-inds. は2000年デビューの、
ボーイズグループの先輩格だ。3次審査前の練習時間には、それぞれの
楽曲を作った Da-iCE の工藤大輝、w-inds. の橘慶太も参加者たちの応援
に駆けつけた。

彼らの楽曲を選んだのは、オーディション参加者に伝えたい「意志」があ
ったからだという。

自分はどんなアーティストであるか

　オーディションを考えたときから、この段階での課題曲は、
Da-iCE と w-inds.、SKY-HI の3曲にしようと決めていました。
なぜかと言うと、彼らは僕が立ち上げたマネジメント／レーベ
ル「BMSG」や、このオーディション「THE FIRST」が目指
しているボーイズグループの方向性をずっと追求してきた同志
だからです。

　全員の共通点は、まず、自分がどんなアーティストであるか
という意志がある。意志でもエゴでも主張でもメッセージでも
スタンスでもいいんですが、そういう心の部分を持っているこ
と。心の部分ってすごく大事なんです。「売れるために頑張
る」のは最高に素敵なことだけど、「売れるために何でもす
る」とか「売れてから好きなことをすればいい」っていうのは、
あってはいけないことだと思っていて。それは音楽に対する冒
涜（ぼうとく）だと思っています。まず、心の部分の意志は絶
対に必要。

　その心の部分を表現するためには、クリエーティビティーを
培わなくちゃいけない。一言でクリエーティビティーと言っても、
詞を書き、曲を書き、コレオ（振り付け）を作り、楽曲を作る、
ステージングを作る……いろいろありますね。そのクリエーティ
ビティーを実現するためには、クオリティーっていうのを大事に
している。

　その一連の事柄を追い求め活動を続けているのが（橘）慶
太くんであり、（工藤）大輝であり、僕なんだと思っています。
だから、2人が作った曲を課題曲としたのは、僕から参加者
へのメッセージなんです。彼らにはもう何年も前から、いつか
自分が旗を掲げたいと話してきましたし、「君たちも来てね」
って話はしてました。僕はやると言ったらやるし、押されて動く
背中ではないので(笑)、背中を押してくれるのとは違いますけ
ど。「本当によくやったね」「やるやるとは言っていたけど、本
当にやるとはね!」と。

自分が作った曲に心が打たれる

　Huluでも2人が会場で参加者の子たちを見ている様子が配信されていますが、まずは参加した子たちのレベルに「すごいね!」と驚いていました。「音楽のチカラをすごく感じたし、改めて考えさせられた」と言ってくれたのは、とてもうれしかったですね。特に慶太くんは、「技術的に粗くても、気持ちを乗せてパフォーマンスすることでここまで自分の楽曲とリンクしているのを見ると、自分が作った曲といえども違う角度から心が打たれる」と話していました。

　よく「自分が死んでも、自分が作った曲は死なない」というようなことを言うじゃないですか。そんなアーティストの本懐や本質のようなものをもう1度考えさせられましたね。

"年内デビュー"の条件下、
3次審査で何を見たか

3次審査で15人に絞り込む際には、30人を6つに分け、3つの課題曲を2グループずつに課した。この条件だけを見るとバトル形式のようだが、実際には個人のアーティストとしての適性を見るもの。しかも、グループが決まってから課題曲を披露するまでの時間はたった24時間程度という過酷な条件下で行われた。

　ここに掛ける時間が短かったのは、コロナ禍という状況に加えて、スケジュール的・予算的な制約もありましたが、人を絞り込むためには、これで十分でした。課題曲の練習に時間を掛けて、できないことができるようになるのが見たいわけではないですから。この審査について彼らには、「（アーティストとして必要な）思考力と表現力を見る」と伝えていましたが、もう少し具体的に言うと、楽曲を自分で解釈して音楽を自分の体の中に入れ、自分の頭を使って、どうパフォーマンスしたら自分が今持っている技術を使って1番楽曲を表現できるかっていうのを見たかった。

　Team AとTeam Bの課題曲は僕の楽曲『Sexual Healing』。全グループを通して、最初にまず組んだのはTeam Bです。ここのメンバーは歌もダンスもラップもできるし、技術も高い。ただ、みんなアクも強い。最終的にデビューさせるグループは、アクがないグループには絶対したくないけれども、もし、ここ

のメンバーがチームとして向かないようであれば、早い段階で見切りをつけないといけないと考えて1カ所にまとめたのが事実です。アクの強さを100%生かした形で、いかにチームワークが完成したものを見せられるかがこのチームの課題でした。

　一方で、Team Aは、今の段階ではダンスか歌か、どちらかに能力が偏っているメンバーが多い組。ステージ上でパフォーマンスをして、見ている人に届ける意識の有無を個々に見ていきました。

　具体的には、歌っているときの目線の位置やマイクの使い方1つにも、ステージを見ている人へ何かを伝えようとする意志が表れてしまう。伝えたい意志があれば、表情でも表現できるし、マイクを自分の口元から離すこともないんです。マイクの距離をコントロールして歌に色をつけるマイキングとは全く別で、歌の途中でマイクを完全に離してしまう方は少なくないのですが、そうなるとそもそものスタート地点に立てないんです。

　ダンスや歌への自信のなさをパフォーマンスに出してしまうのも良くない。技術はあとから付いてくるものだと思っているので、ここでは大きな問題ではないのですが、往々にして言えるのが、歌かダンスのどちらかに自信がない場合、その自信のなさがパフォーマンスからすごく伝わってきてしまう。自信があるほうを披露したときにも、自信が完全には切り替えられず、チグハグな印象だけが残ってしまうことがあります。

大きな伸びしろを感じる出会いもあったが

　Team C・Dの課題曲は、Da-iCEの『BACK TO BACK』。爆発力のある曲なので、キレイにまとまってしまうと映えないんです。この2チームは、技術のバランスが良いメンバーがそろっているけれども、悪く言えば小さくまとまってしまいがち。「いかにハミ出せるか」が課題でした。

　この曲でパッションを出せなければ、どの曲をやってもパッションが前に出てこない。そういう意味では、次の段階に誰を進めるかが決めやすかったですね。例えば、「歌をきちんと歌わなくちゃ」「次はこう動いてダンスしないと」と、間違いを犯さないことを目指してしまうと、それがステージに出てしまうんです。不安や緊張があっても楽曲に身を任せられれば、強気にさせてくれる曲だと思います。やはりここでも音楽と心の距離感は大事に見ました。

　w-inds.の『Beautiful Now』を課題曲に与えたのが、Team E・F。この曲は、歌詞の内容が彼らの心情にマッチし、楽曲に意識を向けさえすればこの中で1番表現しやすい楽曲だったと思います。

　アーティシズムにあふれ、大きな伸びしろを感じさせる子たちに出会いましたが、年内のデビューに間に合わせられるかどうかで諦めざるを得なかった人もいました。視聴者の方のなかには、抜群にダンスや歌のスキルがある子たちが脱落したことが腑に落ちていない人もいるかもしれません。実は、クローズドのB-Town（BMSGが運営するファンコミュニティー）では動画を見ながら話したんですが、合宿に進む15人をどう選ん

だかは、改めて YouTube などで解説したいなと思っています。

徐々にメンバーが絞り込まれている今、デビューするボーイズグループのイメージは固まりつつあるのか。

　複数のパターンを考えて、合宿に一緒に行く15人を選んだつもりですが、今は4〜5割くらいの最終形態のイメージができています。ただ、彼らと1カ月一緒に過ごす合宿で大事にしたのは、確実に自分が（彼らを）成長させることができると思える状態で、なおかつ年内にデビューまで連れていけるメンバーをちゃんと真面目に考えることでした。今、かなりすごいものが出来上がっているのではないかと確信しています。

06

成長の可能性は「音楽への意識」で
分かった

2日間にわたる3次審査を経て、30人の候補者を15人に絞り込んだ「THE FIRST」。ここから、SKY-HIも寝食を共にする約1カ月の富士山合宿に突入する。人数は徐々に絞り込まれているが、最終的に残るメンバーにはどんな資質が必要だとSKY-HIは考えているのだろうか。"デビューグループに求めること"について聞いた。

　東京会場以外はリモートで行った2次審査は、実際に会えないぶん、根本的なクオリティーを見た審査になりました。シンプルにダンスがうまいとか、ラップや歌唱にたけているとか、それらを足して2で割ったバランスとか。その中でも"才能の片鱗（へんりん）"を強く感じさせてくれる方はいましたね。それが"音楽との距離が近い人"なんだろうなと思いますし、3次審査（30人を6つのグループに分け、3つの課題曲×2グループずつで審査）以降は、"自分で音楽を鳴らす意識"の有無は審査の上で大きな要素になってきたと考えています。

　ステージに立った際、その人がその歌詞やメロディーを奏で、ダンスを踊ることに必然性がないといけないし、例えば2時間のコンサートって決して短い時間ではないですよね。その時間の中で、きちんと音楽を通してストーリーを紡ぐことができる人間であることは重視しています。そこが日本の芸能界では割と軽視されていると感じる部分でもあります。

　"自分で音楽を鳴らす意識"が違えば、パフォーマンスにもそれが現れます。例えば、カウントに合わせてきっちり踊るのと、そこで鳴っている音楽を聴いてそこに合わせて踊るのでは明確な違いが出てきますし、ダンス経験の長短を問わず、後者の方のほうが技術的にもどんどん伸びていく可能性は高い。

　だからこそ、1カ月の富士山合宿には伸びる可能性の高い方に参加してほしいと考えました。「ステージでパフォーマンスしたい」「人前に出る仕事がしたい」という夢も素敵ではありますが、どこかで「夢がかなった」と感じてしまったら、その時点で成長も止まってしまうし、クオリティーの追求も難しくなる。

　そうなると、1度そがれたモチベーションは戻りにくいんです。だからこそ、根本のところで"音楽をやりたい"が第1にあることはすごく大事だし、同時に、そうでないと自分が「THE FIRST」をやる意味もなくなってしまうんです。

合宿で手応えを得たデビューグループへの勝算

　歌唱で言えば、「どんなメロディーを歌っても存在感を出せること」と「何を歌ってもその人になること」は、似ているようで全く違います。声が響く場所を知ったり、発声の種類を増やしたりという技術的な改善はできますが、その前段階として「自分のいい歌を響かせたい」のか、「楽曲そのものをよく響かせたい」のかという意識のズレは、なかなか改善が難しい部分です。ダンスでも同じです。

　例えば難しいムーブは、取る音がたくさんあったり、パフォーマンスとしての見せ場を作りたいことで結果的に生まれるも

37

のであって、技術をひけらかしたりかっこよさを強調する目的のために採用するべきではないんです。そのようなパフォーマンスの意識を持つ方は成長が止まりやすいと思いますし、グループの場合は集団から浮いてしまうことも多いですね。

　理想は、個性を大事にすればするほど、グループ全体の意識が音楽に向く形態。僕は、「クオリティファースト」「クリエイティブファースト」「アーティシズムファースト」の3つを掲げていますが、それを総合すると「音楽ファースト」が最も重要だと思います。

　その人自身のパフォーマンスから「音楽ファースト」が見えれば、それが研ぎ澄まされたときの形も見えるし、おのおのに足りない課題や技術、必要なトレーニングも明確になってきます。

　一方でBMSGとして「Be Myself」を掲げている以上は、僕自身が彼らに対してゴールとなるカラーやコンセプトを設定してしまうのは本末転倒。特に10代の参加者が多いことを考えると、絶対にやってはいけないことだと思っています。翻って言えば、年齢にかかわらず、僕自身が、彼らの成長した姿に責任を持てる方たちが富士山合宿の15人のメンバーです。

　様々な国から優秀な選手が集まってきて、共通言語はサッカーだけ。でもチームとして団結力のある強豪チームってあるじゃないですか。そういったボーイズグループを追求していくつもりです。

　残っているメンバーを考えると誰を最終メンバーに選ぶにせよ、デビューグループに対する勝算は強くある状態です。これ

までなかった唯一無二のボーイズグループになるだろうという
ワクワク感が本当にあります。

07

"独断と偏見"で選ぶためのルールと
1億円

3次審査を経て、15人での富士山合宿に進んだオーディション「BMSG Audition 2021 -THE FIRST-」。約1カ月の合宿の中で3人減り、1人減り、また1人減り、と10人にまで絞り込まれて最終審査へ進む。

オーディション番組での選考にはいくつかのパターンがある。"運営"側の協議を経て決められるもの、視聴者投票にすべてを委ねるもの、その2つのハイブリッドで選ばれるもの……。しかし、「THE FIRST」の選考基準は実にシンプルに、SKY-HIの"独断と偏見"だ。彼は何を基準に人を選ぶのか。今回はその決断の裏側に迫る。

　"自分の独断と偏見で決める"という部分は1番大事にしているところ。そこを忘れないで進めていくことを、常に自分に言い聞かせています。何かを選択するときって、つい無意識にバランスを取ってしまいがちだけれども、それを忘れること。僕が今、「THE FIRST」をやっている目的は明確で、まず、自分が旗を振って"世界を本気で狙うボーイズグループ"を作ること。そして、そのグループの"年内デビュー"を目指すことです。

　番組的に言えば、たぶん落としたくない子っていると思うんですよ。例えば、人の興味を引く経歴を持っていたり、ルックスがちょっといいとか。それもすごく分かる。もちろん、番組そ

のものを盛り上げることもミッションの1つですから。でも、最終メンバーに残る可能性が低いなら、その子たちは残すべきではないんです。僕が目指している目的地とずれた選択になってしまうから。それよりも、将来すごく伸びる可能性がある子を選ぶほうが正解なんです。

正直、スタッフや知人など、様々な人からの意見やアドバイスはとてもありがたいのですが、あくまで参考程度にとどめて、ともかく、自分が「THE FIRST」を通して何を実現したいのか、そこを忘れないことでしか、このプロジェクトは成功できないと思います。

オーディションの放映が発表された際、「SKY-HIが自腹で1億円」を出したことが話題になったが、その出資も"独断と偏見"を実現するためのものだ。

やっぱり自分でお金を出して、自分ですべて決める体制ができたことは良かったなと、ここまでを振り返ってきて思います。単純に言えば、番組の制作費に自分の投じたお金を費やすことでしか、純粋に自分が目指す新しいボーイズグループを誕生させることはできないですから。ほかの人の出資が入れば、その人たちの意見にも耳を傾けなくちゃいけなくなる。そうなると、自分が作りたいと目指しているグループの根本がズレる可能性もあるわけで。

正直、「あと2億あったら……」とは思います。Huluの配信も当初予定していた話数よりだいぶ増え、その編集費だけを考えてもゾッとしますし、(今、配信中の)合宿編だと、ドキュメント形式なので、カメラマンに四六時中張り付いて撮影して

もらい、(スタッフも含めた)20余人分の1カ月間の合宿生活費
も馬鹿にならない。さらにセットを組んだりしていくと……割と簡
単に1億円を超えちゃうんです。

　今残っているメンバーのレベルは本当に高いです。これから
も視聴者の方にパフォーマンスを見てもらう機会がどんどん出
てきます。やればやるほど素晴らしいものができるので、すご
く欲が出てきています。もう2億円あれば、パフォーマンスを
追加できたかもしれない。ただ、現状できているものが素晴ら
しいので後悔はないです。今選考しているグループを無事に
誕生させて、きちんと軌道に乗せられれば、次回は制作費3
億円を掛けて、少し規模が大きな制作体制が取れるかもしれ
ない。まずは今に全力で集中しないと。

08

人を育てる　# アドバイスの線引き
人を選ぶ基準

クリエイティブ審査、
権限あるから葛藤だらけ

"才能を殺したくない" という思いからSKY-HIが立ち上げたオーディション
「THE FIRST」。SKY-HIにとってこのオーディションは、参加メンバーの
才能を伸ばし、彼らをデビューさせ、成功させる目的がある。一方で、
Huluや『スッキリ』(日本テレビ系) といったメディアでの展開をする以上は、
ある種の大衆性を期待される。その2つのバランスは彼にとって大きな悩
みどころだった。だが、富士山合宿で実施した、オーディション参加メンバ
ーが作詞・作曲・振り付けを手掛ける「クリエイティブ審査」への視聴者
の反響が大きかったことで、流れは大きく変わった。今回は、「クリエイテ
ィブ審査」時の葛藤と結論の出し方を聞いた。

「無理だ」と言われた審査に応えた参加者のスキルの高さ

「THE FIRST」はHuluで配信し、『スッキリ』でもダイジェ
ストを放送してもらっています。せっかくやる以上は番組として
面白くないといけないところもありますが、自分としては譲れな
い部分もあり、バランスはすごく悩むところです。

ボーイズ (オーディション参加者) 自身が曲を作る「クリエイテ
ィブ審査」を行うということと、彼らの自主性に委ねる部分が
多いということの2点は、当初、番組制作側から難色を示さ
れたところでもあります。前者に関しては、本当にそんなこと
ができるのか、無理ではないのかといった懸念。後者は、番

組的な "見せ場" ができないのではないかという危惧からです。

「クリエイティブ審査」では、国内外の有名アーティストの楽曲を手掛ける Matt Cab と MATZ がベースとなるトラックを提供。オーディション参加者はそれをベースに自分たちで詞・曲・振り付けを作っていった。

「クリエイティブ審査」では、トップバッターの Team A がクオリティーの高いものを作ってくれ、視聴者の方々の反響も大きかったので（YouTube の BMSG 公式チャンネルで公開した Team A のパフォーマンス動画再生回数は 21 年 6 月 28 日現在、114 万回を突破）、僕としては「サンキュー、Team A!」というところはマジであります。彼らが作るものに期待はしていたけれども、特に意識の高さや向上心の部分は想像以上でした。

最初は制作側も「クリエイティブ審査」なんて無理だろうと思っていたから、番組の放送・配信の話数も少なく見積もっていたんでしょうね。「合宿なんて同じ場所でやっているだけだから絵が持たない」「ドラマ性のあることが自然に起こるわけがない」と。でも、起こるんですよ。あれだけ本気の気持ちの子たちが集まっていたら。最初はこちらが 1 度折れて制作側のスケジュールを飲み込んだのですが、上がってきた合宿の映像を見て、「これはとんでもない!」「こんな少ない放送回数じゃ無理だよ」となって放送予定を見直しました。ありがたいですね。

通常、オーディション番組やリアリティーショーでも、何かしら "台本" や "こんなシーンを撮りたい" があることがほとんどのようですが、「THE FIRST」は、純粋に毎週毎週の審査内容だけです。だから、今のように視聴者の皆さんが熱い

反応を見せてくれることで、放送・配信の話数をどんどん増やしていけました。

「クリエイティブ審査」では、チームそれぞれにいろいろなことが起こりました。チームが抱える問題に気づいて自主的に話し合いの場を設けたり、自身が抱えている悩みをメンバーに吐露したりとか。すべて自然に起きたことを追っているだけ。見ているこちらも「どうなっちゃうんだろう」と、本当にドキドキしました。

僕自身は、番組で放映されているような彼らの練習風景や部屋での会話は全く見ていません。ただ、プリプロルーム（プリプロダクション＝音楽制作において仮録音をするための部屋）に彼らが来たときの空気感や表情、声で、今どんな状態かが分かるんです。特に声は、元気がないのか、うれしいのか、何か悩んでいるのか、うまくいっているのかいないのかが顕著に出る部分で、はっきり分かってしまうんです。そこで自分自身が感じたものと、映像で確認した彼らの状態の間に、ほぼ差異がなかったことがすごいなと。褒めてほしいですね（笑）。

それはともかく、自分で感じたことを基に、彼らの抱えているものを少し出してあげるような作業はしました。例えば、自分がチームに対して思っていることがあるのにメンバーに伝えられない子がいるなと感じたら、助け舟を出してみたり。

かける言葉を選ぶ難しさ

「クリエイティブ審査」では、僕自身も彼らに伝えたいことがたくさんありました。ただ、難しかったのは、審査と銘打って

いる以上、僕はディレクションするけれども、クリエイティブに
関して彼らにアドバイスしすぎては審査を逸脱してしまう。本
当は歌い分けとかメロディーに関しても口を出したかった。け
れども今回は、パフォーマンスするにあたっての技術と心のディ
レクションがメインだから、ギリギリのラインに留めました。

　もう1つ気をつけたのは、彼らにとって僕自身は、テレビだ
ったりステージだったりYouTubeだったりで目にしている存在だ
という点。下手にクリエイティブに関して「こうしたほうがい
い」と言ってしまうと、それを「絶対的な正解」としてとらえて
しまう可能性もあるんですよ。しかも自分が審査の采配を振る
っているわけですから。もう……専制君主になっちゃう。それ
は絶対に避けなくてはいけないことでした。サバイバル型のオ
ーディションである以上、みんなの気持ちが「僕がどう評価す
るか」に向かいすぎないように、ディレクションする際も相当
慎重に言葉を選びました。

　だから彼らには「評価するのは、出来上がった音楽であり
パフォーマンスだから」と繰り返し伝えたわけです。そう伝え
続けたことで、彼らの意識やモチベーションも「受かりたい」
「デビューしたい」ではなく、「いいものを作りたい」になって
いったのがうれしかったですね。その土台ができたことで、よ
うやく自分が具体的なディレクションをしても、「指摘されちゃ
ったから直さなくちゃ」ではなく、「そこを直せば、もっといい
ものが作れるんだな」と考えられるようになるから。

　自分という存在に萎縮しないでものを作っていく環境がなけ
れば、実力も伸びないと思っています。そのためにはまず自分
が「この子はこういうアーティスト性を持っているんだな」とい

うのをきちんと受け止めて、それぞれに対して、そのアーティスト性がさらに伸ばせることをしていく必要があります。

「時代が変わった」潮目を体現する12人

残念ながらこの「クリエイティブ審査」で3人が席を失い、残るは12人となった。残った12人は、6人ずつ2グループに分かれての「擬似プロ審査」へと進んだ。

　次の審査に残すか残さないかで考えたのは、主に2つの点です。1つは、最終的に出来上がるグループにおいて、「席がない」人ではないかどうか。デビューできるメンバーはたったの5人、本当に「席」が少ない。脱落した3人は、最終メンバーとしてそれぞれに担ってもらう役割や技術などを考えたときに、どの組み合わせになっても輝ける可能性が高くなかったということ。

　もう1つは、クリエーティビティー。もちろん作詞作曲のコンテストではないのですが、音楽をちゃんと聴いていたら、作ったメロディーが音楽の求めているものに沿っているか沿っていないかは分かると思うんです。そこでアイデアを出して、いいものを作ることにどれだけどん欲であれるか。もしくはアイデアがクリエーションのためになっているか。

　残った12人には、これまで以上に期待してください。この6人×2グループの審査で、僕は証明したいと思っているんです。ルックス、パフォーマンス、音楽性……すべてにおいて「あ、時代が変わった」という証明を。もしかしたら僕は今、世間のすべてをひっくり返しているところかもしれません。

09

仲がいいチームより
「いいものを作れる空気」

＃理想のチーム　＃本当のチームワーク
＃"決断する力"を育てる

アイドルやアーティストのグループを見る際に、ファンはチームの "仲が
いい" ことを美徳として挙げることが多い。しかし、SKY-HI は「必ずしも
仲がいい必要はないと考えている」と話す。彼が考えるチームの軸とは何
か。またチーム内で各自が果たすべき役割をどう捉えているのか。

クオリティーのために思考し続けるチームを

　グループというのは、必ずしも仲がいい必要はないと僕は
考えています。大事なのは、「いいものを作れる空気」。もの
を作ることや出来上がったものを研鑽（けんさん）していくこと
に100％従事できる空気を作ってほしいと思っています。

　経験上、本当にいいものを作れる空気ができていると自然
と仲良くなっていきます。いいものを作れる空気を大事にしよ
うとしたら勝手に仲良くなっていく。当然「尊敬し合う」「認め
合う」とかも含めてです。そういうところで「思いやり」とか
「優しさ」みたいなものはきっとキーワードになってくるんじゃな
いかなと思います。

　例えば、「THE FIRST」で、参加メンバーが作詞・作曲・
振り付けを自ら手掛けた「クリエイティブ審査」の際に、最初
からチームワークを大事にしようという課題で始めてしまうと、

48

みんながみんな間を取ってバランスを考えるようになったと思います。間を取っていいものができることは絶対にないんです。

　間を取って物事を決めるというのは、複数出たアイデアに対して取捨選択すること。誰かの意見が全く通らず、誰かの意見ばかりが通ってしまうときもある。意見を出している人がどれを通すかを決めて進めていくのが最悪のケースです。彼らには、どの選択が音楽的に面白いか、パフォーマンス的にいいかという観点で選んでほしかった気持ちがあります。

　1番見たくなかったのは、みんなの間を取るようなチームワークを大事にした挙げ句、工夫もなく凡庸なものができてしまうこと。「クリエイティブ審査」で、初めに Team B が出してきたものに対して「作り直して」と言ったのは、まさにメンバーそれぞれが作ったものを合わせただけのものだと感じたからです。

　もちろん時間的な制約があるなかでしたが、そのなかで「ダンスをこうしなくちゃ」というような技術的な部分ではなく、「このチームで、どんな曲、どんなパフォーマンスをしたら音楽的に面白いのか」という部分を考えてほしかった。そのために中間発表の時間を設けて、他のチームにパフォーマンスを見せたり、他のチームのパフォーマンスを見ているわけですから。

　今回の合宿は審査が目的ではなく、あくまでも育成プログラム。だから彼らがとりあえず裸の心の状態で過ごすなかで、彼ら同士の絆を深めていける状態を作ることが大事なんです。それでお互いが本当にリスペクトする関係値を作らないと、自分が目指す新しいボーイズグループは作れないと思っています。

49

　このプロジェクトは、彼らのためにも自分のためにも、どうしても成功させたい。頑張りがそのまま結果に結びつくかというと、それは誰にも分からないことですが、少なくともうまくいくための確度を1％でも高める責任と義務が自分にはあるんです。

10

チーム内での役割に
年齢はあまり関係ない

5月下旬、富士山合宿の1つ目の課題「クリエイティブ審査」が放映されると、「THE FIRST」がTwitterのトレンドに入った。SKY-HIは「反響があって本当に良かった。クリエイティブ審査を放映しても反響がなかったら、このプロジェクトそのものを見直さなくてはいけないのではないかと考えていたので」と胸をなでおろしていた。

富士山合宿前の3次審査ではSKY-HI自らがリーダーを指名したが、合宿のクリエイティブ審査では特に指名せず、各チームそれぞれにおのずと"リーダー的な役割の人"が生まれた。インタビュー時点で放映されていたのは、Team A。LEOがチームを引っ張る姿が目立っていた。ここで気になったのが、デビューグループを考えるうえで"リーダー適性"も審査の対象としているのか。しかし、話を聞くうちに浮き彫りになったのはもっと奥深い話だった。

SKY-HIはプロジェクト成功の必須要件として「合宿メンバーが仲間との関係性を自然に培っていく環境」を挙げ、人と人との間に生まれる「信頼」や「尊重」を非常に重視していた。

　現段階（5月時点）では、誰がリーダー的な立ち位置にふさわしいかなどは一切考えていませんね。きっと番組を見ている人も「この人はリーダーに向いているんじゃないか」などと感じているかもしれませんし、チーム分けの時にある程度は意識

しています。その場合も、歌やダンスにおいてリーダー的な役割をお願いすることはあっても、人間性や関係値は、結局画面に映っていないところでずっと育まれている部分。その部分に課題や目標を設定するのはちょっと危ういのかなと思っています。

　そういう意味では、彼らが配信・放送を通して視聴者に自身の人間性やチーム内での関係値を出そうと意識してないことは、すごく大切なことだと思っています。「仲がいいところを見せなきゃ」「自分のキャラクターをアピールしなくちゃ」となると、どうしても自分らしさから離れていくと思うし。そういう意識があって動ける人のほうが絶対に芸能人としては強い、素敵な要素だとは思うのですが。

　「クリエイティブ審査」以降もチーム分けが都度都度変わってきます。一緒にやるメンバーが変わるたびに個々のチーム内での役割も変わってくるのが自然でしょうね。ただ、デビューメンバーを決める最終段階ではある程度、こちらがちゃんとチームとしての設計図を描くべきだとは思っています。

　役割って、状況によって変わるものだと思うんです。LEOは実際のきょうだいの中では末っ子。「クリエイティブ審査」では兄貴っぽい感じを出していましたが、性格的にはどちらかというと弟っぽい要素が強いかもしれません。オフシーンでは「甘えん坊だな」と思うところはありますし……今、僕に対して一番甘えてくれているのはLEOかも（笑）。人懐っこい性格なんです。それでも、彼が「クリエイティブ審査」の中でリーダー的な立ち位置を担ったのは、彼自身が「自分が1番年上」「自分が今、他のメンバーより全体を俯瞰（ふかん）できてい

る」と感じたからでしょう。実際に彼が Team A を引っ張ったことが功を奏した感がありますし、彼自身にリーダーの適性はあるのでしょうね。（編集部注：現在、「BE:FIRST」は特定のリーダーを置かない形式を取っている）

でも、リーダーの適性に、年齢はあまり関係ないとも思います。合宿前に行った3次審査で、僕は14歳のRYUHEIをリーダーに指名しました。理由は単純で、2次審査で見た彼の歌唱とダンスの才能が圧倒的だったからです。けれども、集団になったときにそれが発揮されるのかは未知数。そこを見たかった。3次審査でリーダーを担ったRYUHEIは、かなり年上のメンバーにも躊躇（ちゅうちょ）せずに指示を出す姿勢が見られたので、大丈夫だなと感じました。でも、17歳のSHUNTOは、13〜14歳のメンバーよりだいぶ年上のはずなのですが、性格的には甘えん坊な "年下感" があるように思いますし(笑)。本当に年齢は関係ないんだなと。

今後は審査ごとにチーム分けも変わっていきます。状況や周りの人との関係性によって、誰がどんな役割を担うのかも、その都度変わってくるんだと思います。

「心から尊重し合える関係性」を構築できる環境づくり

今、放送から見える部分以外でも、合宿を通して人間対人間としての彼らの関係性が深く育まれているところです。だから人間性や関係値、役割といったことを彼らに課題として与えたり、そこに彼らの目標を設定したりするのは（1人の人間としてのありのままの姿を損なう）危ないことかなと思っています。「THE FIRST」の放送は、合宿がほぼ終わった頃からスター

トしました。だからこそ、合宿の最初からカメラが回っている
けれども、彼らには放送用に撮られている意識がない。カメ
ラが回っているからよく見せたいとか自分の姿を繕ってしまうこ
とがなかったんです。それはとても大切なことだったと感じて
います。誰かの目を意識して芸能人として振る舞うのではなく、
自分自身で考えて動ける人のほうが、この世界では強いです
から。

　何度も繰り返しになりますが、今回の合宿は審査をするだ
けではなく、育成プログラムです。彼らが裸の心の状態で毎
日を過ごして仲間との関係性を深めていける状態を作らない
と、いいグループは生まれないと思っています。また、彼らが
僕のことを信じてくれるように僕自身も心を尽くして向き合わな
いと、やっぱりいいグループは生まれない。僕も彼らに評価さ
れる立場であることを自分に言い聞かせる日々です。

　BMSGは立ち上げて間もない会社ですから、このプロジェ
クトを絶対に成功させないと、あとがない。来年には不渡りを
出すかもしれない。成功させるためには、僕自身が彼らを世
の中に出すのが急務だけれども、"すぐ売れるグループ"を作
りたいわけではない。急務なのは、彼らがお互いに心からリ
スペクトし合える関係値を作っていくこと、そのうえで僕自身が
思い描いているグループの目標地点に持っていかなくちゃいけ
ないこと……結構プロジェクトとしては大変ですよね。

デビューメンバーに "聖人" "好青年" は求めない

今回は、SKY-HI がボーイズグループに求める「人柄」について聞いた。SNSなどで見ている人からよくも悪くも自由に言われ、時には本人の意図とは違う "真実" が歩き出す時代。その時代を生きるには、「表」に出る人間はどう考えるべきなのか。彼自身が AAA のメンバーとして、またソロのアーティストとして経験してきたからこそ、オーディション参加メンバーに「自分」の守り方について伝えられることがある。

　SNS が活発な今の時代、人前に出て活動を続けるのは、かなりキツいこともあります。情報の受け取られ方や受け取られたものの2次発信の仕方に、モヤッとする部分が非常に多いです。自分の音楽性を突き詰めていきたい気持ちや様々な色眼鏡で見られることに対する絶望とかがあるなかで、今は自分の SNS も、情報を上げるためにしか使っていません。代わりに、B-Town（BMSG の月額制ファンコミュニティー）のほうでは、今回の「THE FIRST」の話も含めてこまめに発信しています。

　SNS などでの（自分に対する様々な）声に対して、傍観者という立場に立ってみたならば、シンプルに「いやいや、君たちは本当の姿は知らんやろ」とか「表に出ている部分だけで、人間性なんてどうやって見るの？」という気持ちが正直あります。人は自分が見たいように見るので、悪い方向に見ようと

思えば悪い方向に見るし、いい方向に見ようと思えばいい方向に見るんですよね。これはもうしょうがないこと。

　当事者としても、どうせ理解されないんだから「もういいや」という気持ちがあります。はたから見ると、他人を突き放していると受け取られかねないことも厭（いと）わない姿勢でやってきました。ただ、それって、昨今のアイドル業界としては決して得をする生き方ではない。

　自分はAAA（活動休止中）というグループのメンバーでもあり、ソロアーティストでもありますが、その活動自体が、どちらの立場からも異色で、どちらからも色眼鏡で見られることが多かった。グループのメンバーとして見られることで損をすることもあるし、ソロ活動がAAAのメンバーとしては損に働くこともあります。

　ただ、損をすることが増えようとも、「自分が自分であること」のほうを特に大事にしたかったし、今は、その結果つかみ取ったアーティスト性、音楽性、自分自身というものがあるので、自分はその過去に対して本当に誇りを持っているんです。

　でも、まだデビューしていない彼ら（オーディション参加メンバー）にその生き方を強いたり、その生き方に憧れさせたりしてしまうのは違うと思っています。オーディションを進めて新しいボーイズグループをプロデュースする立場として、あるいは彼らが所属する会社の社長としては、彼らに対しても僕と同じような生き方を選ばせることもちょっと間違いなんじゃないかなと思います。

名前の表記を変えた理由

　ありがたいことに、今まさに彼らにファンがどんどん付き始めているタイミングです。でも、例えば「クリエイティブ審査」で言えば、Huluで配信しているのは、彼らが24時間×9日間＝計216時間過ごしたうちのたった1時間でしかないんです。216分の1を画面を通して見せただけで、番組を見ている側にとっては、それが彼らのすべてになってしまうし、今後もずっとそう。デビュー後は約2時間のライブがすべてになるし、こうしてインタビューを文字に起こしたものがすべて。世に出ているものが、自分のすべてになってしまうことは間違いないので。

　彼らの名前の表記を、富士山合宿以降に本名のフルネーム表記からカタカナ表記のアーティストネームに変えたのも、そこに関わってます。特に今の時代には、「人に見られている自分」と「自分しか見ていない自分」の2つを明確に切り分ける必要があると思っているから。本名だとプライバシーの問題がある、とかでは全くなく、ただ本人自身にとって、その2つを切り分けられる時間が絶対に必要だと思っているからです。

　もしSNSとかで自分でエゴサ（エゴサーチ）しようものなら、もう24時間それが気になっちゃう。そういう場で、いいことも悪いことも言われている自分を、"自分じゃない人間" というふうにある種、切り離せる状態を作っておかないと危険だなと思っています。自分自身、AAAのメンバーとしては本名の「日高光啓」でやっていますが、自分のことを知らない人たちに本名で話されている状況はマジできついし、やめてくれと思うことはやっぱりありますね。

2020年に同じくHuluなどで配信された韓国JYPエンターテインメント主催のオーディション番組『Nizi Project』(ガールズグループ NiziUを生んだオーディション番組) では、「ダンス」「ボーカル」「スター性」に加えて「人柄」も審査基準となっていたことが話題となった。アイドルグループのファンも "推し" を褒める際に「人柄がいい」ことを挙げることもあり、何か誤解を招くようなエピソードが出回れば、即、SNSなどでの炎上につながっていく。

完璧な品行方正を求める風潮を、SKY-HI自身はどう見ているのか、また、新しいボーイズグループのメンバーにはパフォーマンス以外の部分で何を求めていくのだろうか。

　今回の「THE FIRST」では、それぞれの段階で何を見るための審査かは明確に準備していますが、そのなかに「人柄」の項目はありません。少なくとも「クリエイティブ審査」で人に対する態度や人間性、リーダーとしての資質など、クリエーティブ以外の部分で判断して誰かを脱落させることはしていません。

　僕は、誕生するグループのメンバーの全員が全員、聖人である必要はないと思っているし、好青年である必要もないと思っています。いわゆる、"誰もが明るく楽しく" というのもそれほど求めていないんです。むしろ、世間の「(ボーイズグループの) 全員が全員、好青年でなければいけない」という空気が殺してしまっている「才能」も少なくないと感じています。

　僕自身、これまで「偉い人に気に入られないといけない」というような空気感を見ては、モヤッとした思いを抱えてきました。今回のオーディション参加者のなかにも、自分のクリエー

ティビティーとは別の、そういった圧力や言葉に傷つき、苦しんできた経験を経てきたメンバーがいます。

　彼らに対して求めるのは、「音楽に対して実直・誠実であってほしい」ということ。これがすべてにつながってくると考えています。最近、彼らにも繰り返し話しているんですが、音楽に実直・誠実であるということは、一緒に音楽を作る仲間であるメンバーやスタッフに対しても実直・誠実であることが間違いなく求められます。

　さらに彼らのデビュー後には、その音楽を受け取り、応援してくれるファンに対しても実直で誠実であることにつながってくる。このことは本当に大事にしてほしいです。

　結局、人は「自分のことを誠実に扱ってくれている」と思えば、「この人は人柄がいい」と捉えると思うんです。ほかのメンバーやスタッフやファンに対して誠実に向き合っていたら、自然と「人柄がいい」につながっていくんじゃないでしょうか。ただ、この場合の人柄は、（NiziUを生んだ）J.Y. Park氏の言う「人柄」とはちょっと違うかもしれません。

　もちろん、これから彼らは、自分たちの一部の発言や姿、態度しか見てない人たちに、いろんなことを言われる機会も増えるでしょう。表に出ている以上、そうなっちゃうかもねと思うし、ある程度は仕方ないと受け入れる必要もある。

　けれども、その一方で忘れないでほしいのは、自分を見てくれている人、応援してくれている人がいること。その人たちは、大切な時間やお金や心を自分たちのために注いでくれて

いるわけです。注いでもらったことに対しては、まず最低限の
感謝とリスペクトがないと不誠実。そこに対して誠実であるこ
とは僕自身も大事にしていますし、デビューするメンバーにも
誠実さを求めていくつもりです。

12

プロ意識 # 覚悟や自覚を促す
マイナス要因を取り除く

ボーイズグループはルックスへの
覚悟が必要

1カ月に及ぶ合宿で「クリエイティブ審査」に続いて行われたのは12人を
2つのグループに分けて審査する「擬似プロ審査」。この段階で、SKY-
HIは「ルックス」「パフォーマンス」「音楽性」などの点で、かつて存在し
なかった新しい時代のボーイズグループを生む手応えを感じていると明か
した。彼が考える、ボーイズグループが持つべき「ルックス」とは、何を指
すのか。また、今残っているデビュー候補のメンバーは自身の「ルックス」
に対して、どう向き合うべきだと考えているのだろうか。そこには、AAA
のメンバー日高光啓として経験してきたSKY-HIの価値観が見てとれた。

　ルックスに関して、僕が彼ら（現在「THE FIRST」で、デビュ
ー候補として残るメンバー）に気にしてほしいことはいくつかあり
ますが、1番は「覚悟」です。具体的に言うと、彼らは全員も
ともと見た目がいいので、今の段階でも華やかな衣装を着せ
て照明を当てれば、見る人を「キャー！」とさせるものは持って
いる。でも、それをパフォーマンスにまで昇華し、さらに強化
するには覚悟や自覚が必要なんです。

　言うなれば「自分がイケメンである」という自覚。老若男女
のなかでも、特に異性……もちろん同性でもいいのですが、
自分自身がその人たちの目を引くルックスであることを自覚した
うえで、それをパフォーマンスに昇華することが求められてい
ると思っています。多くの人の耳目を集めるボーイズグループ

を本気でやる場合に、それはすごく大事なこと。

　だから、覚悟を持って、きらりと輝いてほしいですね。目の前のファンを熱狂させることにためらいを持たないでほしいという話は、彼らにもしています。そうでないと、そのルックスや自分自身に対して失礼だし、自分を応援してくれる人々に対しても実は失礼なんじゃないかと僕は思っているんです。

　僕自身は10代〜20代前半のとき、その意識が全くなかったから、今彼らにこれを本当に伝えたい。自分自身の若い頃を振り返ると、自分に対してもファンに対しても、誰にとってもマイナスな状態だったんじゃないかと反省しています。

　反省点のまず1つは、僕自身がちゃんと覚悟と責任を持ってAAAの日高光啓としてアイドルの役割を全うできていなかったなということ。もし早くにその覚悟を持てていたら、アイドルとしてはまた違うポジショニングを取れたのかもしれませんし、アーティストとしてももっといいフィードバックがあったのかもしれません。要は、当時の自分は、音楽に対して本当の意味で裸で向き合えていなかった。

　やっぱりどこか、「職業アイドル」や職業アイドルの作る音楽に対して、斜に構えたりしていた部分があったと自認しています。「僕はそういうキャラじゃないんで」という態度を取ることにプラス要素は1つもなかったんです。そこに自力で気づくには時間がかかったし……ぶっちゃけ誰かに早く指摘してほしかったな。

気づくのは遅かったけれども……

　僕自身が自分のルックスときちんと向き合わなくてはいけないとの覚悟と責任を持ったのは、30歳を過ぎてからです。理由の1つは、単に「諦めた」から。デビュー以来、美醜で語られることが多いこの世界から早く抜け出したいと思っていました。さすがに30歳を過ぎたら、美醜で語られることはなくなるだろうと思っていたら、まだ続くんです。「じゃあ、もういいや」って。同時に、職業としてルックスなども求められている状況に対して、自分の中で反発心があったことを非常に悔いたんです。

　みな（女性ラッパーのちゃんみな）に出会った影響も大きいかもしれません。彼女は音楽とか考え方、スタンスとかいろんな意味で、音楽性を毀損することが全くなく、パフォーマンスや表情、映りに対しての矜持（きょうじ）があってかっこいいと思っちゃったんです。ちゃんみなって、もちろん音楽を付けたほうが全然かっこいいけど、ミュートで見てもかっこいいんです。

　それまで自分は視覚ではなく、聴覚に訴えることこそが自分のアーティストとしての矜持だと思っていて、視覚的な情報が入り過ぎることで、聴覚が毀損されることをずっと嫌っていた。でも、それって実は自分のクリエーションに対して、誠実じゃなかったんじゃないかと感じました。

　ただ、その後悔や反省のなかで1つ言えるのは、早くからアイドルとしての自覚を持って活動していたら、自分が今こうしてここにいなかったということ。その経験が、今回の「THE FIRST」の育成にとても役立っています。もしかしたら自分が

若いときからルックスの役割に自覚的だったら、この「THE FIRST」は生まれず、仮にオーディションプロジェクトをやったとしても、（埋もれた才能の発掘ではなく）表面的でキラキラしたものになっていたかもしれないし、ディレクションをするにしても視聴者に媚びて、みんなに喜ばれるものをテクニックとして披露していたかもしれない。

　それはそれで、当事者同士が良ければいいんだろうけど、やっぱり今の自分が持っている「埋もれてしまう才能を救いたい」という方向性とは別で、才能を救おうとする人間にはなれなかったと思います。気づくのは遅かったのかもしれないけれども、結果、この未来にたどり着けたのだとしたら、自分としては良かったと思っています。

13
才能の見極め方　# プロ意識を育てる
プレッシャーに打ち克つ

「ブレない心」がデビュー後に
絶対必要な理由

12人のメンバーが6人×2チームに分かれて、THE FIRSTのオリジナル曲
に挑んだ「擬似プロ審査」。ここで披露した楽曲の1つは『Be Free』、もう
1曲は『Move On』(のちに社名のBMSGの4文字を引き継いでいたと明かされ
る、「B」と「M」の楽曲。ちなみに続く「S」は最終審査の課題曲であり、BE:FIRST
のプレデビュー曲となった「Shining One」、「G」はデビュー曲の「Gifted.」。そ
れぞれの文字数はその曲に臨んだメンバーの人数となっている)。

「擬似プロ審査」は、配信リリースを前提に進められた。この審査でSKY-
HIが重視したのは、その名の通り、数カ月後にプロとして世の中に出る
意識を持てるかどうかだった。

　「擬似プロ審査」を1位で通過したのは、SOTA（現BE:FIRST）
でした。僕もそうなるんじゃないかと予想していました。ただ、
予想以上だったのが、本番前日と当日ではラップが違っていた
こと。彼に対しては僕も前日まで、彼の極限に至るほどのプレ
ッシャーを掛けたつもりですが、それで本番にここまで結果を
出せるのかと驚きました。

　まだ技術的には追いついていないところもあるんですが、
彼の場合は意識が人と違うんです。練習中からそれは表れて
いて、例えば発声の基礎練習1つをとっても「どういう発声で
どう歌ったらかっこいいのか」を模索している。

レコーディングの際にスタジオで待っていたら「俺は世界一ダンスのうまいラッパー、俺は世界一ダンスのうまいラッパー」って唱えながら現れますし。彼はダンスの世界大会で何度も優勝しているけれども、「自分にはダンスがあるから、ボーイズグループのラッパーとしてはそこそこできればいいだろう」みたいな甘えた認識が一切ないんです。

いったんデビューしてしまうと、不安や迷い、焦りは今の比ではありません。明確なアーティシズムは、コンパスのようなもの。自分がどんなアーティストであるかの指針やスタンス、アティチュードが備わっていないと、不安や迷い、焦りをさらに感じてしまうことになります。

同時期に国内外の様々なボーイズグループが活動することもあるでしょうし、同じスクールで切磋琢磨（せっさたくま）していた仲間がデビューするなどもあると思います。

「THE FIRST」から生まれたグループが思うようにいかないことも出てくる可能性はあります。本人も不安になるだろうし、心ない言葉をネットで目にすることもあるかもしれない。そういう雑念や邪念、自分から生まれるプレッシャーに対抗できるのは、自分自身にアーティストとしての指針があるかどうかだけなんです。

デビュー後にどうしても感じてしまう不安や迷い、焦りに対抗できるのは、自分自身にアーティストとしての指針があるかどうかだけ。そういう意味では、SOTAが1位だったのは象徴的で、追い詰められた状態からいきなり実力を発揮できるのは、彼自身の中にブレないアーティシズムがあるから。もちろん心

の部分だけを評価しているわけではありません。でも、本番に
なると力が入りすぎてリハーサル以上の実力が発揮できない
人が少なくないなか、その地肩の強さは目を引きました。

勝敗を分けた「個」と「チーム」の
バランス

今回も12人が2グループに分かれて競った「擬似プロ審査」の話から。2チームのうち『Be Free』チームを評価したわけ、順位を高く付けたメンバーとその理由など、審査のポイントを明かしていく。なお、各メンバーの評価はあくまでも取材時にSKY-HIが各審査を振り返って話したものであり、この後、彼らが様々な成長を経て今の場所にいることも付け加えておきたい。

　視聴者の方々の感想を拝見していると、「擬似プロ審査」での勝敗（『Be Free』と『Move On』チームが対決し、前者が勝利した）や個々の順位付けに違和感を覚えた方も少なくないように感じました。例えばMANATO（現BE:FIRST）。彼が3位だったことに驚いている視聴者の方も多かったようで。MANATOに関しては、本当にパフォーマンスが良かったから、これ以上低くしようがないんです。欲を言えば、今後はもっと振り切ったパフォーマンスをしてほしいと期待しています。

　4位のLEO（現BE:FIRST）も、皆さんの想像より順位が高かったんじゃないかな。放送ではスランプに陥って解決の糸口が見えずに苦しむ姿が映っていました。実際に彼は本番前夜までずっと悩み続けていて、1度も解決できないまま本番に臨んでいます。

　ただ、SOTA（現BE:FIRST）のように本番で突然全く違う姿を見せたのともまた違うのですが、LEOが持っている性格と『Be Free』という曲が合っていたこともあり、本番でキラッと輝いた印象があります。課題だった発声の部分が完全にクリアになったわけではないけれども、マイクに声を当てる感覚は明らかに変わりました。その前は、ブレスを込めて逃げる感じが見受けられましたが、今はそれもない。

　現段階では「デビューに間に合うかどうか」というラインですが、それでも彼がこれからもどんどん改善していける可能性があるのは分かったし、彼自身が努力の方向性をきちんと理解して進めているので、まだまだ伸びていくでしょう。

　一方で、視聴者の方にとって順位が低く感じられたのが、8位のSHUNTO（現BE:FIRST）でしょうね。ここの順位付けは僕も正直かなり迷ったんですが、低くしてしまいました。『Move On』での彼のパフォーマンスは本当にものすごくかっこ良かった。かっこいいんだけど、曲の解釈として合っているのかなとか、グループのパフォーマンスで考えると、ちょっとはみ出しちゃっている部分もあったかなあとか。SHUNTOに限らず、『Move On』チームは、曲が盛り上がっていくと全体的にパフォーマンスを崩してしまうことが目に付きました。

　『Be Free』チームのほうを評価したのは、「One for Team, Team for One」ができていたからです。サビの部分はチーム全体が一体となって攻めてくるのに、個別のパートでは、それぞれの個性の強さを見せていました。特にJUNON（現BE:FIRST）のプリコーラス（サビの前の部分）やSOTAのラップは、ぽん！と出る部分があり、すごく良かったと思います。

　今、SOTAのラップの話をしましたが、富士山合宿の当初から、個々のメンバーに特定のパートを与えて育成する方針は取っておらず、ラップ枠が特定の1人というわけでは決してありません。ボーイズグループのラップは、ソロのラッパーのそれとは違って、歌唱法の1つ。

　その表現に興味がある人や適性が高い人は、今の段階ではMANATOやSHUNTO、RYOKI……あとRYUHEIやSHOTA（現Aile The Shota）。彼らは僕が教えれば、すごい勢いで伸びていくと思います。特にRYOKIは伸ばす自信あるんです。今はまだ彼自身が「俺はこう見せる!」という部分が楽曲の解釈と合ってないことも割とあるんですが、僕の話さえ聞いてくれれば伸びると思います(笑)。SHOTAなんかは、今の段階でも「ちょっとこういうフロウ（歌い回し、歌い方）やって」と言えばすぐできちゃいますね。

15

人を育てる　# 評価の基準
プロ意識を高める

天才と認めたメンバーを
1位にしなかった理由

「擬似プロ審査」では、のちにBE:FIRSTとしてデビューすることになる
SHUNTO（18歳／当時）とRYUHEI（14歳／当時）、そして次の段階の「VS
プロアーティスト審査」で脱落したものの、SKY-HI率いるマネジメント／
レーベルBMSG初のトレーニー（育成生）となったRUI（14歳／当時）ら、
中高生メンバーがパフォーマンスで鮮烈な印象を残していた。この3人を
SKY-HIはどう見ていたのかを聞いた。なお、話の内容は取材時点のもの
であり、今の彼らの課題ではないことを付け加えておきたい。

　SHUNTOは、個人的には（「擬似プロ審査」で）1位でもい
いくらいなんだよなあ……。彼はいい意味で、ものすごくパフ
ォーマンスに対して不確実なところがあるんです。毎回、リ
ハーサルと本番でやることが違うんですが、すごく良い方向に
変わる。しかも終わったあとに「段（ステージ）上がってると楽
しいなあ！」って、本当にいい顔をするんですよね（笑）。

　でも、「段を上がった所でパフォーマンスしているから楽し
い」っていうのは、プロの発想ではないんです。「擬似プロ審
査」で高い順位を付けるのは、彼自身のためになりません。
例えば、今回RYUHEIが2位だったんですが、音楽に真摯
に、パフォーマンスを完璧に、しかも感情を入れてやっていた
RYUHEIより、感情が強くなって、自分がしたことは言語化で
きないけど楽しかったと語るSHUNTOのほうが高い順位とい

うのは、2人の成長のためにもならない。RYUHEIは今のままやっていけばこれからもすくすく伸びると思いますし、SHUNTOはこれから「すごく楽しかったけど、今回、あそこのアプローチはちょっと違ったかなって思いましたね」という反省ができるようになるともっと成長するんじゃないかと思います。

　この順位発表の際に、僕はSHUNTOのことを"天才"ってコメントしたんです。それまでは彼を評する言葉や基準が難しく、3次審査からずっとSHUNTOの順位が定まらなかった。どう評価していいか分からなかった。でも「擬似プロ審査」を見て、はっきり分かりました。彼は"天才"です。

　合宿を通して全員に求めていたのが、クリエーティブに対して自らいろいろな発想を生み出してもらうことでした。そういうアイデアって、自分がそれまで聴いてきた音楽だったり、見てきたものだったりの掛け合わせで生まれてくるものだと思います。

　RYUHEIはまだ14歳ですが、本当にその引き出しがすごくそろっている。椎名林檎さんやK-POP、ロックバンド、あとは自分みたいな人間（アーティストとしてのSKY-HI）だったりから吸収したものがいろいろあるわけです。その話を聞くと「なるほどなあ」と思うし、その体験が螺旋（らせん）状のDNAのようにRYUHEIを形作っていると感じます。

　でもSHUNTOは全く違うタイプです。「何を聴いてきたらそうなるの?」と尋ねても、出てくる名前はAAAと僕とUVERworldくらい。そこに合宿で出会ったメンバーと共有した音楽で、何かが開花した。ごくたまにいるんですよね。ルーツが「自分」でしかない、こういう天才が。

この「擬似プロ審査」ではRUI（現BMSGトレーニー）のステージでの輝きもひときわ目立っていた。視聴者側の立場からは、パフォーマンス後、本人がステージでの自分自身の表現に驚いているようにも見受けられた。

　テンションやパッションが強く出ることが、パフォーマンスにいい影響を与えないパターンが多いなか、RUIはそれらが強く出ることが、いい方向に出ていた。あれはすごかったですね。彼の場合、遅かれ早かれああいった姿が見られるとは思っていたので、うれしいですけどね。しかも、天性のものだけでなく、ちゃんとパフォーマンスしているんです。

　分かりやすくいうと「集中力」なんじゃないかと思います。小学生の頃に好きな音楽ができて踊り狂ったみたいな経験ってあるじゃないですか。そういった音楽に対するテンションをその後もずっと持ち続けられるかということでしかない。この場合、大事なのは、誰かに「伝えようとする気持ち」ではなく、「感じる心」。そういった感性は閉じ込めないことが大事だし、感性さえあれば時間が足りなくても技術は伸びる。そこはすごく意識していました。

　僕、SNSなどでも「SKY-HIのお気に入りはRYUHEI」とか言われてるんですけど（笑）、RYUHEIはお気に入りなどというものではなく、シンプルに合宿開始段階でもう頭1つ抜けた可能性を感じさせてくれた存在。そして、成長曲線も明確に見えました。だから、正当な評価をしているだけなんですよ。でもRUIに対しては、今彼が持っているスキルや意識以上の評価を自分の中に持っているかもしれませんね。それが正しいかどうかは5年後に判断してください。

16

才能の見つけ方　# 課題設定のプロセス
プロ意識を育てる

個々の可能性を育むと決めて
合宿参加者を増員

オーディション参加者と約1カ月、SKY-HI自身も寝食を共にした富士山合宿。改めてこの合宿形式の審査を振り返ると、単に参加者を「選抜」するのではなく、「育てる」ことで彼らの未来の可能性と真摯に向き合う、SKY-HIの姿勢が浮かび上がってくる。

15人で始まった合宿は3つの審査を経て人数が絞られていき、合宿以降の最終審査には10人が臨んだ。しかし、「本当は合宿が終わるまで15人で行きたいな、というのはあったんですけどね」とSKY-HIは明かした。

　リアルな話で言うと、当初、合宿に連れて行くのは10人の予定でした。でも、2次審査を見た段階で才能のある方が多く、育成によって今後大きく伸びる可能性のある方も多かった。なので、最初から「グループのメンバーの候補」を10人に絞り込んでゴールを定めての集中的な育成より、それぞれの可能性と向き合って個々の才能を伸ばしていく方向にシフトし、人数もより多くの可能性を想定して15人まで増やしました。

　もし10人に絞り込んでいたら、今、著しい成長を見せている方のなかには、すでに脱落していた方もいたでしょうね。ただ、15人にしたことで、合宿当初は定員2名の部屋に3人ずつ入ることになり、多少なりとも窮屈だったかと思います(笑)。

合宿で実施する3つの審査の内容が決まったのも、課題曲による3次審査を終えた段階でのことだった。

（合宿メンバー選抜のための）3次審査を見て、早急に直さなくてはいけない課題が見えたんです。それは、プロの楽曲を歌ったときに、カラオケの延長から抜け出せないパターンが多いということ。そんなグループを世の中に出すわけにはいかないですから。

歌唱やダンスのうまい下手ではなく、最低限、どの曲を歌っても自分の表現としてパフォーマンスできるくらいに「アーティストとしての自我」が芽生えていないと、1人もデビューさせられなくなっちゃうな、と。だから、彼ら自身のアーティシズムが育ちやすい「クリエイティブ審査」を早めにやろうと決めました。

これは決して悲観ではありません。彼らの根本的なクオリティーの高さは感じていたので、これなら1カ月の合宿で音楽漬けの生活を送れば、十分なんとでもなるという確信もありました。実は合宿中に、歌やダンス、ラップなどのパートごとの審査をする選択肢もあったのですが、"一部特化パート型"を作ることをやめて、様々な可能性を参加者たちと一緒に探していくことを選びました。

彼らの中に、本人も無自覚な形の才能が眠っているのを感じたからです。ダンス初心者のメンバーも普通にダンスがうまくなっていたし、合宿に参加した15人中10人以上が希望パートの1つに「ラップ」を挙げ、いざ（歌ったのを）聴いてみたらみんなうまかったり。とにかく歌・ダンス・ラップというパート

別の育成はふさわしくない状態でした。

　個々のスキルはそれぞれに適したアドバイスをすれば伸ばしていける。それよりも、グループとして個々のメンバーに通底させたいこと――"音楽との距離感の近さ"や"音楽のために技術を使って表現する力"など――を育てていく「クリエイティブ審査」の方向に舵を切ったわけです。結果、彼らのアーティストとしての土壌を耕す審査になったと思います。

技術よりも重視した「プロとしての覚悟」

　2つ目の「擬似プロ審査」では、「クリエイティブ審査」でさらに明確になった課題の克服と同時に、"プロ"としてデビューする覚悟を育てることに重点を置きました。当時はまだ番組の放送なども始まっているかどうかの時期で、彼らの環境はほとんどオーディション参加前と変わっていなかったわけです。

　でも、数カ月後には世の中に出て、CDショップでも配信でも、プロアーティストたちと同じ棚に並ぶ時期がすぐに来てしまう。そのことをしっかり認識してほしかった。個別の課題は明確とは言え、そういった技術よりも大事だったのが心持ち。気持ちのうえで何が足りていて何が足りていないかに、きちんと向き合ってもらわないといけなかった。

　「自分はプロのアーティストだ」という自覚がある人は、ゴールを決めようと前線にいるフォワードのようなもので、スタッフやファンからのパスを最後にゴールに打ち込んでいくような、様々な人の夢を受けて最後に自分の力で実現させていく覚悟と責任が生じます。

　でも、一口に「デビューしたい」と言っても、デビューして何がしたいのか、どんなアーティストを志向しているのかが明確にないと、パスが来ても打てないわけです。その準備と自覚を育むための「擬似プロ審査」でした。

合宿の2つ目の課題「擬似プロ審査」には12人が参加。6人ずつの2グループに分かれて『Be Free』と『Move On』というそれぞれのオリジナル課題曲で競い合った。

　本番よりリハーサルのほうが良かった方が少なくなかったですね。「ここが本番ですよ、ここで審査しますよ」と本番が始まると、テンションがガッと上がってしまい、そのぶんピッチがブレたり、振りが雑になる人も目立ちました。アマチュアならそうなるのも仕方ないと言えるけど、プロとしてはダメです。

　今回は"擬似プロ"ですが、もしデビューすれば今度こそ本当に、一発勝負の舞台が待ち受けているので。その"テンションの上がり"をコントロールできるのがプロの技術。

　僕は「心・頭・技」と呼んでいるんですが、音楽を受け止めて自分のものとして表現する「心」、それをどう表現すればいいか考える「頭」、最後はそれを丁寧にコントロールできる「技」。この3つを備えていることを審査の上で重視しました。

　例えば、エモーションが強くなったために、グループとしてのパフォーマンスに諸刃の剣のような影響を与えてしまっている人。（放送の）画面で抜かれた瞬間だけを見るとかっこいいシーンが増えるので一概に悪いとは言えないのですが、全体を見るとそろわない要因を作ってしまっているから（高評価を与

えるのは）難しいですね。

　また、"（曲の中で目立つ）おいしいパート"を担当しているメンバーは、画面上では良く見えると思いますが、パート決めは適性を見て僕が行っているにすぎないこと。つまり、僕自身がそれによってメンバーの評価を上げるわけにはいかない。

　最終的には、個のパフォーマンスが「One for Team, Team for One」に徹しているかを重視して順位づけしたつもりです。同時に、努力する方向性が合っている人、その方向で頑張ればそのまま伸びるであろう人を上位に順位づけしました。努力の方向性自体を少し考え直す必要がある人は、下のほうの順位でコールしたということです。

「THE FIRST」という現象を世間に証明したかった

3番目の課題は「VSプロアーティスト審査」。ここでボーイズの対戦相手となった"プロアーティスト"とは、SKY-HI自身だった。「THE FIRST」のために作った楽曲『To The First』をここまで残ったボーイズ自身がカバーするというエモーショナルな審査は、ある意味、オーディションのクライマックスに近い演出のようにも感じられたが、実際の意図はどこにあったのか。

　3次審査の際、既存のアーティストの曲を歌うことがカラオケの延長になってしまっている人も少なくなかったと話しました。しかしその後、自らのアーティシズムやクリエイティビティを試される「クリエイティブ審査」、オリジナルの課題曲を表現する「擬似プロ審査」を経て、再び既存のアーティストの曲をやれば、明らかに個々の成長が分かると思ったからです。歌の振

り分けや振り付けも彼ら自身が手掛けるなど、ここまでやってきた審査のハイブリッド的な要素も大きかったです。

技術的な部分で言えば、グループにおけるラップは歌唱法の1つ。グルーヴをしっかり捉えてアクセントを描き、自分が考える最適な発声に切り替えていくことが必要になります。この『To The First』はリズムとメロディーの構成上、ラップの適性が分かりやすいし、逆にラップをしても歌の適性が分かりやすい。そこも課題曲としたポイントです。

もう1つ、『To The First』は僕自身が彼らの人生に沿う歌詞を書いた曲。僕が彼らとの接し方を間違えてさえいなければ、彼らの心身にもこのメッセージがしっかり入っていってくれるだろうと信じたからです。そういう意味では、僕自身も試されていた審査でした。

審査であると同時に、ここまでで脱落していった人たちも含めた「THE FIRST」という現象が今ここで起きていることを、世の中に証明したい気持ちもありました。つまり、「VSプロアーティスト審査」とは「VS俺」でありながら、僕たちの「VS世間」だったんです。

この『To The First』を含め、「THE FIRST」では、どの課題曲も「楽曲そのものがエモーショナルである」ことをとても大事にしています。「THE FIRST」は、ボーイズグループのデビューメンバーを選抜する単なるオーディションではなく、「彼らがアーティストとしての強い意志を持ち、世間に自分たちの存在を証明していく物語」だと思っていますから。

デビュー後に自らの信念支える
「学びの力」を

最終審査前の4次審査「VSプロアーティスト審査」では、脱落した最年少メンバーのRUI（14歳／当時）を、BMSG初のトレーニーとして迎え入れることを発表するサプライズがあった。この発表は、今回のオーディション「THE FIRST」によるボーイズグループの誕生だけでBMSGが終わらないという未来を大きく感じさせるステートメントだった。

一方、ミクロな視点で捉えれば、たとえ最終メンバーに選ばれなくても、個々のメンバーに別の希望の道が拓けたようにも感じられた瞬間だった（そして今、結果的に「BE:FIRST」から漏れたボーイズにもそれぞれの幸福な音楽活動をサポートする道が用意されつつある）。今回は、番組の終盤に突如「トレーニー（育成生）」が生まれた理由について改めて尋ねた。

　（VSプロアーティスト審査で）RUIのトレーニー契約を発表してから、残った10人の緊張感が少しだけ緩んだようにも感じました。オーディションに通過することだけがすべてではない、とみんなが感じた瞬間だったとも思います。

　まさに現代っぽいなと思うんですが、その前に行った「擬似プロ審査」での追い詰められた空気の中よりも、割と「VSプロアーティスト審査」後のほうが伸び伸びと実力を伸ばしていったんですよね。もちろん、ここまでの合宿で努力をする癖がついたり長い緊張感があったからこその、「前向きな弛緩

（しかん）」と「さらなる成長」なのだと感じますが。

　RUIは、非常に才能のあるメンバーですし、アーティストとして僕と少し似たタイプだなというのも初めて会ったときから感じていました。ただ、彼を最終メンバーに残すことに躊躇（ちゅうちょ）する理由が大きく2つありました。

　1つは、現状の彼の状態でデビューグループに入れた場合、ダンスや歌のレンジを、RUIに合わせて作らなくちゃいけないことが多くなってしまう点。つまり、グループ全体のクリエイティブに影響を与えてしまう可能性が大きいと感じました。（「擬似プロ審査」の課題曲）『Be Free』のときから、RUIだけどうしても声のレンジが狭くてレコーディングでも苦しそうだったし、ダンスでも動きが追いついていないところが見受けられました。

　ただ、彼は今、14歳。年上のメンバーには多少ハードに叩き込んでいけても、同じようにするわけにはいかない。変声期もあるから無理して高いキーを歌わせたくないし、成長痛もあるから筋トレや体幹トレーニングを厳しくやらせるわけにもいかないと感じました。

　もう1つは、義務教育をきちんと受けてほしかった。合宿中のRUIは「音楽のことだけできて幸せ」という感じだったんですが、僕はちゃんと勉強してほしいなと。大人になってからでも勉強はできるけれども、僕の感覚では、大人になってから勉強する人の多くは、子どもの頃に1度はちゃんと勉強した経験のある人。「学んで、身になる」という経験を積んでいるんです。

時代に向き合うために思考し続ける必要性がある

結局、デビューした後の長い人生を考えると、彼らが時代とうまくかみ合わなくなる時期が、それなりに起きると思っています。そうなったとき、"時代に対してどう向き合うのか"という思考力が問われる。よく学校教育に対して「大人になってから、これ使うんですか?」みたいな話がありますが、こと義務教育で学んだことに関しては、ものすごく使うんです。

例えば、算数は複雑な数字の計算のためだけではなく、算数ができれば、自分たちの今の規模感から次の目標までにどう成長していけばいいかも、ざっくり感覚的につかんで考えられるわけです。大人になってからの思考回路の基礎を構築しているのは、義務教育で学ぶことだと言っても過言ではない。だから今後もBMSGは、義務教育を大事にします。

RUIがBMSGのトレーニー第1号となりましたが、トレーニー制度があったほうがいいというのは、オーディションを進めながら強く感じたことです。月1回でもいいので、トレーニーの今の状況を見て課題をアドバイスできる機会や、未来の話ができる機会があれば、才能を育てることは十分可能だと思いました。

もちろん、今のBMSGの規模では、多くの人数を抱えることは難しいけれども、将来的には充実させていきたい。そんなことを考えていますが、まずはデビューグループを軌道に乗せることに集中したいです。

18

\# 人を育てる　\# 技術を伸ばす
\# 指導者の適性

1人1人に「課題を渡す」ことを
大切にした理由

SKY-HIによるボーイズグループのオーディションプロジェクト「THE FIRST」は、いよいよ8月13日にデビューメンバーを発表する。

オーディションのある時期から、SKY-HIは「審査」という言葉をあまり使っていない。この合宿、ひいてはオーディション自体が「選ぶ」ことではなく、「育てる」ことが目的である。

そもそも、BMSGというマネージメント／レーベルを立ち上げ、「THE FIRST」というオーディションを始めたきっかけの1つに、国内で埋もれている才能を生かしたいという思いがあった。実際、このオーディションのなかで次の審査へ進めずに去ることになった参加者にも、SKY-HIは、彼らの成長のヒントとなる言葉を丁寧に渡している。

　シンプルかつ真面目な話、（最終メンバーに残れなくても）その人の未来がここで終わるわけではありません。もちろん、「脱落する」ということは、僕が「今回デビューさせるグループのメンバーになる可能性が低い」と判断したということにはなります。

　同時に、応募していただいた立場として、（彼らにとっての）今後の成長のきっかけになる何かをつくって渡したいという気持ちがあります。脱落・合格問わず、自分ができる範囲内で、

それぞれの課題を明確化して話しています。こういうオーディションで1番良くないのは、脱落したときに自分は何がダメだったのか本人が分からないまま、悩んでしまうこと。その“最悪”を避けるためにも、僕自身が直接理由を話して、1つでも課題を渡すことが大事だと考えています。

　1カ月にわたる合宿期間中は、ダンスやボイストレーニングなどのトレーナー陣も入れ代わり立ち代わりで僕ら（SKY-HIとボーイズ）と一緒にいました。とても心強かったですね。もちろん、寝食を共にしている僕のところにも、彼ら（ボーイズ）はいろいろ質問や相談に来てくれました。僕が直接答えるときもあれば、「ボイトレ（ボイストレーニング）の時間に、こんな聞き方をしてみたら？」「ダンストレーナーにこの部分を教えてもらったら？」などと、他のトレーナーへの橋渡しをすることもありました。彼ら（ボーイズ）1人1人が抱える課題を整理することは、僕の役割の中で大きかったかもしれません。

「人」と「人」としてボーイズと向き合った得難い1カ月

高い技術を持つオーディション参加者の中には、大手事務所で育成された経験のあるメンバーも少なくないが、なかなか自らの壁を越えられずに苦しみ、悩むケースもよく見られた。

　彼らを見れば見るほど、そして自分の経験からしても、日本の育成システムはあまり健康的ではないと感じますね。日本にも芸能系のスクールはたくさんありますが、歌の場合、スクールによって“正解”の発声法や歌唱法を作ってしまい、そこに向けて矯正していくケースが少なくないように感じます。人によって適した発声法があるにもかかわらずです。

　サッカーにたとえるなら、インサイドキック（足の内側で蹴るキック。威力よりコントロールを重視する場合に使われることが多い）しか練習してきていないようなもので。遠くにボールを蹴らないといけないときも、インサイドキックで飛ばそうとする。だからピッチ（音程）もブレるし、声も遠くに飛ばせないし、滑舌も悪くなる。それって彼らのポテンシャルが低いわけではなく、変な癖がついているからなんです。真面目に取り組めば取り組むほど、悪い方向に向かってしまう。

　ダンスに関しては、好きな子は自主的にほかのスクールにも通うし、好きでいろいろ吸収していくからあまり問題ないのですが、歌に関してはどう学んでいいか分からないから、真面目な人ほど「先生がすべて」になりやすくもあります。何年も価値観を更新できていない先生が「これが正しい発声です」なんて教えてきたもんだから……癖がなかなか抜けない参加者もいて、何やってくれてんだって思いましたよね。

　今、自分には幾ばくか育成の適性があると思っています。僕の場合、トレーナーをきちんと事務所につけてもらった経験がなく、自ら教えてくれる人を探すしかなかったんです。試行錯誤を重ねて、成長には時間が掛かったと思います。

　そのぶん育成段階にある人の成功と失敗のケーススタディーはたくさん持っていると思います。実体験と照らし合わせて、「今はここを頑張りすぎてはいけない」「ここを強化すべきだろう」「魅力的に見えないのは、この要素が影響しているのではないか」などが分かる。

　自分で分からないときに、相談すべき専門家もいろいろ知

っている。あと、課題なり修正なりのやり方を、人に伝えることもできる。13歳の少年から、楽曲リリース経験のある23歳の青年まで、人と人としてきちんと向き合うために1カ月を共に過ごしたことは、得難い経験と知見を僕にくれたと強く感じています。

19

仲間を尊重するチーム作り
成長を促す環境　# 意志を育てる

自分なりの理想・意志を持った
「個」を求めて

2021年4月から『スッキリ』（日本テレビ系）での放送やHuluでの配信を続けてきたボーイズグループのオーディション「THE FIRST」が8月13日にデビューメンバーを発表する。

最終審査は、「クリエイティブ審査NEO」とプレデビュー曲となる『Shining One』を課題曲とした審査の2つ。主催のBMSGのCEO（最高経営責任者）であり、オーディションの総合プロデューサーSKY-HIは最後にどんな決断を下し、どんな新しいボーイズグループを誕生させるのか。最終発表の約2週間前にその胸の内を聞いた。

　正直、まだみんなには言ってないけど、そろそろ（最終メンバーを）考え始めようかなと思っているところです。「まだ、全く考えてない」と言うと嘘になるし、「決めろ」と言われれば今日にでも決められるかもしれない。でも、最終的な決断は最後の審査で、全員のパフォーマンスを見てから決めたいと思っています。

　現段階で残っている10人に関しては、角度を変えればどんなメンバーの組み合わせでもグループが成立するから、難しい作業ですね。ただ、彼らの志向するのが海なのか山なのか、また、僕自身が目指すのが海なのか山なのか。その方向を明確に定めたら、ピースを埋めるようにおのずと最終メンバーが

決まっていくように思います。

　15人で始まった1カ月間の合宿では、彼らが同じアマチュアの立場の人たちと一緒に暮らすことで、お互いを蹴落とし合う関係ではなく、「仲間」として、また「ライバル」として尊重し合う関係を構築してほしいと考えました。脱落するしないにかかわらず、15人が同じ「仲間」であることを強調した空気づくりを大事にしてきたつもりです。

　さらに言えば、今、彼らが人生のなかで本当に貴重な数カ月間を過ごしているということを大切にしてほしいです。ここで小さく競い合ったところで人生の大局から見れば大差ないことだし、極端に言えば、ここでデビューできるかできないかも、1つのターニングポイントに過ぎないかもしれない。もちろん、大きなターニングポイントであることは間違いないですが。

オーディションを見ている側としては、つい「いったい誰が最終メンバーに選ばれるのか」に意識がいってしまう。しかし、SKY-HIの意識は、現在残っているボーイズ1人1人の「アーティストとしての未来」に寄り添っているように思える。彼が繰り返し口にしたのは、デビュー後に訪れる様々な困難を乗り越えるためにも、"個々のアーティシズムが不可欠"ということだった。

この経験が彼ら全員のこれからの音楽人生に生きてほしい

　この合宿形式ほど有意義な時間はなかったんじゃないかな。ダンス、歌、ボイストレーニングなど常にトレーナーが合宿所内にいるし、もちろん僕もいる。聞けば答えてくれる人がいるし、不安や悩みを聞いてくれる人もいる。朝から基礎練習を

積んで、1人1人の課題も明確にある。"やるべきことが常に
ある"というこの時間があったから、伸びる人は本当に驚くほ
ど伸びました。

　合宿の中で誰もが1度は「こんなアーティストになりたい」と
いう絶対的な目標を見失うことがあったでしょう。「まだ落ちた
くない」という思いを抱えたり、最終メンバーに残れるかもし
れない安心材料を探してしまうこともあったと思います。でも、
それをやればやるほど自身の成長が止まってしまうものです。
そういう事柄に随時対処していけたので、合宿期間はみんな
が成長し続けられたし、僕も教えていて本当に楽しかった。

　ただ、彼らの実力の成長曲線を大きく伸ばしてあげることも
重要でしたが、それと同等以上に大切にしたのが心の持ちよ
うでした。彼らを悩ませてしまう危険をはらみながらも、個々
の明確な意志やアーティシズムに向き合ってもらうことは本当
に重視した部分。デビューしてからの不安や迷い、焦りは、
今の比ではありません。自分がどんなアーティストであるかの
指針、スタンス、アティテュードが備わっていないままに踏み
出すのは非常に危険なことです。

　デビュー後は他のボーイズグループの活躍やかつて同じス
クールにいた子の活躍に焦りを感じたり、世間の心ない言葉
に傷つけられたり、思うような活動ができない不安など、様々
な雑念や邪念、自分で自分に課してしまうプレッシャーなどが
生まれることもあるでしょう。

　そんなとき、自分の中に指針があることで、それに対抗でき
る強さが持てる。僕ができるメンタル面でのサポートは、問題

解決の手段を一緒に考えることくらい。その人にとっての正解や理想が見えないと、一緒に考えることすら難しくなってくると思います。

　今は、自分がどういうアーティストになるのか、どういうアーティストとしてステージに立ち続けたいかのビジョンを明確にして、そのための成長にのみ時間を費やしてほしい。それを見せてもらったうえで、組み合わせの正解を導き出すのが自分の役割。その関係値がベストなのではないかと思います。

　例えば彼らが自ら模索するなかで、海に行くのではなく山のほうが向いているとなったならばコンバートの相談もするかもしれません。やはり、彼らの個性をグループにはめるために矯正することはしたくないですから。最後に残る残らないは彼らの人生において大きなことではあるんだけど、合宿に参加したそれぞれに対して、今後の音楽人生にとってプラスになってほしいと思っているし、どの道まだ人生は続いていくということは覚えておいてほしいと思っています。

20

個々の特性考え「BE:FIRST」は
7人グループに

2021年8月13日、オーディション「THE FIRST」発のデビューグループ
「BE:FIRST」のメンバーが発表された。その人数は、当初SKY-HIが明か
していた5人ではなく、7人だった。「やっぱり5人じゃないのか」「そうな
って当然」と感じた視聴者も少なくなかっただろう。

将来性にあふれ誰がデビューしてもおかしくないメンバーしか残っていな
い状況の中、これまでもこの連載の取材で「本当に5人なのか」「2グル
ープがデビューしてもいいのでは?」と何度も尋ねてきた。いつも明確な
答えはなかったが、合宿最終課題の「VSプロアーティスト審査」が放送さ
れる頃のインタビューで、SKY-HIは「5人って言っておかないと彼らの緊
張感がなくなるんで」と初めてぽろりと明かした。しかし7人組でいく構想
は、すでに合宿以前の3次審査の頃から固まっていたという。

　3人組で輝く人が5人組で輝くとも限らないし、5人組で輝
く人が7人組で輝くとも限らない。何人組にするかは、メンバ
ーの特性次第だと思っていました。ただ、「7人組になるかも
な」と感じ始めたのは、3次審査の頃。理由はシンプルで、
集団のパフォーマンスに適性の高い方が多いように感じたか
らです。多い、というだけで全員がそれに当てはまるわけでは
なかったし、まだ確信もなかったですが、端的に言えばダンス
に長けた方が目立ちました。

　ダンスのコレオグラフィ（振り付け）の複雑性は、踊る人数が多くなればなるほど上げていけます。一方で、人数が増えれば、歌唱で特異性を出すのは難しくなるんです。誰が歌っているのか認識しづらくなり、レコーディングのミックスなどでも、誰かのボーカルを圧倒的に際立たせるようなことはできにくい。ダンスパフォーマンスの複雑性とパフォーマンスとしての強度、個々のボーカルの特異性、それらのバランスをとってフィットしたのが7人という人数でした。

　もちろん、今回BE:FIRSTに入っていない参加者も含めての5人組でも勝算はあるんです。個の際立ちを重視して、ダンスパフォーマンスに振らないグループということですね。

　5人組ってだいたい、ダンスパフォーマンスよりも、個の際立ちが魅力のグループが多いのではないかと思います。日本だとSMAPしかり嵐しかり。韓国ではBIGBANGもそう。単純にエンタテインメント・オタクとして様々なグループを見ている中で感じてきたことですが。実はHuluでの初回の撮影の時に「5人から7人」って話してるんですけどね。使われてませんでした（笑）。

"独断と偏見"の裏で行われた全スタッフとの意思疎通

　5人組だったら（「VSプロアーティスト審査」で脱落した）RUIが入る可能性もありました。もちろん、ほかの課題を無視した場合に限りますが。「今年は無理だろうな、でも最後まで見たいな……」なんて、でも文字通り涙をのんで諦めたわけですけど。そう思い返すと、僕の中で7人組が確定したのは、RUIが今回間に合わないと思った合宿の「擬似プロ審査」の

練習中ですね。

　もちろんRUIが理由ではなく、全体のチームワークが本質的だったことが理由ですが。人数が増えれば増えるほど個がそれぞれ輝くのは難しくなりますし、ほかのメンバーが輝くことを尊重することがとても大切になってきます。ここに残っている11人だったら、どの組み合わせでもそれがかなうのでは、と思えました。各トレーナーともいろいろ話し合ったのを覚えています。

　同時に、この時点で本当にダンスの技術に秀でた方々が残っていたんです。ダンスってノンバーバル（非言語）コミュニケーションじゃないですか。言語に頼らず、見る人に訴えかける力がある。だから一番大事な要素の1つではある。合宿が始まった時点で、（BE:FISTメンバーに選ばれた）SOTAやRYUHEIは突出してダンスの技術が高かったし、（脱落しながらもダンスの能力に秀でた）RAN（現MAZZEL）やTENもいた。

　7人にすると決めたことは本人たちに伝えませんでした。1つは、"10人の中から7人"だということを皆が意識してしまうと、ほかの人と自分を比べて「残る／残らない」みたいな考え方をしてしまう懸念があったから。もう1つは"この中から5人"だと考えると、もう本当にあらゆる可能性があるぶん、彼らもメンバー構成を考えるより自分の課題に向き合うことに集中できるんじゃないかと思ったからです。

　もちろん10人から選ぶことは大変と言えば大変な作業なんですが、時間が掛かったかと言えば、意外にそうでもない。10人での最後の合宿が終わってからいろんなパターンを考え、

最終のパフォーマンスを見て決めたんですが、想像以上に早く決められました。

　最終審査で彼らが2チームに分かれてプレデビュー曲の『Shining One』を披露し、その後に1時間ほど会議がありました。自分の決定を、スタッフたちに説明する場です。僕の独断と偏見で進めるとは言うものの、全スタッフが納得して前向きな気持ちになれるグループを作らないといけない。もし誰か1人でも「そうじゃない」という違和感を感じるなら、僕が「そうでなくてはいけない」と思う理由をもう1度細かく分解して説明していかなくちゃいけませんから。

21

#才能を生かす　#適性を見極める
#個を生かすグループ作り

デビュー組と別の道歩んだ3人、
「幸せ」がカギ

2021年8月13日にデビューメンバーが発表された「BE:FIRST」。今回の話の主役は「THE FIRST」の最終審査で「BE:FIRST」のメンバーに入らなかった3人だ。まずは、メンバーになった7人それぞれの選考理由を語ったSKY-HIに、「チームとしてなぜこの7人だったのか」を聞くと、「幸せ」が軸となるキーワードだったことが明確に分かった。

　（現在のBE:FIRSTの）7人を選んだ理由は、シンプルにこれまで言ってきた「クオリティファースト」「クリエイティブファースト」「アーティシズムファースト」の条件に合うことが1つ。もう1つはグループの"5年後の形"がどうなっているかを考えてのことです。

　"5年後の形"で描いていることはいっぱいあるんですけど、今言えることは、義理や情、「メンバーのことが好きだから」といったことではなく、「自分のエゴとしてこのチーム（BE:FIRST）を大きな成功に導きたい」と僕自身が思う状況が続くことがすごく必要だと考えています。だから本質的な部分で7人それぞれの「幸せ」と、最初に作るグループの「幸せ」の合致率の高さが一番大きいと思います。

最終審査10人まで進みながらBE:FIRSTとは別の道を歩んだ3人に関して「脱落した」「BE:FIRSTに選ばれなかった」と紹介してしまいがちだが、彼

らに何か不足があったわけではなく、彼らの「幸せ」が BE:FIRST のメンバーに入ることとイコールではなかったということだ。この時、BE:FIRST に入らなかったメンバーも全員 BMSG に所属した。SHOTA（現 Aile The Shota）、REIKO（現 BMSG トレーニー）、RAN（現 MAZZEL）の 3 人。彼らは最終結果が単に“道の違い”であったことを証明するように、BE:FIRST とほぼ同時進行で世の中に出ていった。

Aile The Shota は 2021 年 9 月 7 日・8 日、SKY-HI のライブに客演、SKY-HI の『me time』にフィーチャリングで飛び入り参戦。その楽曲は SKY-HI の 5 枚目のオリジナルアルバム『八面六臂（はちめんろっぴ）』に収録された。「THE FIRST」中もそのアーティスト性が高く評価されていた Aile The Shota は BE:FIRST のデビューシングル『Gifted.』のカップリング曲『First Step』の作家陣にも名を連ねている。未経験ながら圧倒的な歌唱力と驚異の成長力で最終審査まで進んだ REIKO も、SKY-HI の『八面六臂』の収録曲『One More Day feat. REIKO (Prod. Matt Cab)』に参加。2 人の場合、BE:FIRST とは別の「幸せ」が SKY-HI に見えていたようだ。

　これまで 2 人について感じてきたことが、最終審査の「クリエイティブ審査 NEO」のパフォーマンスを通して確信できたし、結果発表後の 2 人との会話が僕自身の答え合わせになったかな。最終結果発表でもコメントしましたが、未経験者のレイちゃん（REIKO）については、「THE FIRST」は最終の「クリエイティブ審査 NEO」を見ながら「あ、（彼が）やりたいことが見つかったのかな」という感じでしたね。最終審査後に本人と話をしても、「『Shining One』もすごくいい曲だったけど、僕だったらやっぱりこういうの（「クリエイティブ審査 NEO」で RAN との 2 人で作詞作曲振付を手掛けた『Just FUN'ky』）がいいなみたいなのはすごくありました」って話していましたね。

SHOTA（Aile The Shota）は審査が終わった直後から「（メンバーに選ばれなかったのに）こんないい笑顔する？」っていうくらいキラッキラしていましたね（笑）。彼の場合も正直、BE:FIRSTよりもクリエイティブ審査NEOでのSOTAやMANATOとのユニット「Show Minor Savage」のほうが彼のやりたいものに近いだろうなと感じたし、本人も「Show Minor Savageをやっていいと言われるのが一番うれしい」と。BE:FIRSTとは別のボーイズグループを作ることもできると話もしたのですが「グループよりはソロに軸足を置きつつ、たまにグループをやる感じがいい」と言っていましたね。

この発言は、あくまでも最終審査直後のSKY-HIやAile The Shota、REIKOのコメントだが、2人の場合、BE:FIRSTに入ることが必ずしも彼らの音楽人生の「幸せ」とは限らなかったことが分かる。ただ、もう1人、BE:FIRSTに入らなかったRANの場合は、少し事情が違っていた。

実は、このインタビューの前に行った最終審査の前、SKY-HIはこんな話をしていた。「今は、自分がどういうアーティストになるのか、どういうアーティストとしてステージに立ち続けたいかのビジョンを明確にして、そのための成長にのみ時間を費やしてほしい。それを見せてもらったうえで、組み合わせの正解を導き出すのが自分の役割。例えば彼らが自ら模索するなかで、海に行くのではなく山のほうが向いているとなったならばコンバートの相談もするかもしれません。やはり、彼らの個性をグループにはめるために矯正することはしたくないですから。最後に残る残らないは彼らの人生において大きなことではあるんだけど、合宿に参加したそれぞれに対して、今後の音楽人生にとってプラスになってほしいと思っているし、どの道まだ人生は続いていくということは覚えておいてほしいと思っています」

結果を知っている今であれば、Aile The ShotaとREIKOを、あえてBE: FIRSTのメンバーに入れないままBMSGが契約したのは、ここでいう"コンバート"だったのかもしれないと気づく。しかし、最終審査の後、BE: FIRSTとは別の道を歩み始めたRANに関しては、前述の2人とは違う事情があるようだった。このSKY-HIのコメントはあくまでも最終審査直後のものであり、RANに対する今の彼の考えとイコールではないかもしれないが、編集部としてはその時点を語る貴重な言葉だと捉え、掲載する。

　RANの場合、グループにいてほしいメンバーであることは間違いないし、僕もそれを強く思っていました。ただ、今デビューグループとして世の中に出るのは彼にとって良くなさそうだなという気がしています。(富士山合宿の最終課題「VSプロアーティスト審査」で残すことをためらった)RUIとは似ているようで違う理由ですね。

　最終審査本番のパフォーマンスでも、ほかのメンバーと比較してもダンスはうまいし、ルックスもいい。でも、まだダンスと歌を同時にやるときに、息がガクッとするところはある。正直、「その課題はデビューしてから改善することもできるんじゃないか」とも思ったし、その一方で、「でもBMSGにとって一発目のグループだからあまり余裕がないぞ」という気持ちもありました。1組目のグループに入れられないこともなかったけれども、2組目のグループのメインに据えるためにあえて取っておいたわけでもない。難しいですね。

BE:FIRSTメンバーやAile The Shota、REIKOについて語るときとは違い、慎重に言葉を選びながら語る姿に、SKY-HI自身がこの選択を相当悩んだのではないかと思われた。

　もう1つ考えたのが、デビューしてグループやメンバーに大きな注目が集まったときに、その注目が必ずしも好意的なものばかりとは限らない。そのときに、自分自身を強い気持ちで保てるか。例えば、（BE:FIRSTの）JUNONは未経験から始めたダンスが課題だったけれども、見た人にダンスのことを言われても「俺これから一番うまくなるし」と気持ちを持ち続けられる。RANの場合は、もう少し整ってから世に出さないと、「幸せ」でなくなる気がするんです。

　BMSGとしてはまずグループとしてBE:FIRSTを成功に導かなくてはいけないから、（RANの本格的な活動には）もう少し時間が掛かるかもしれないけれども。ただ、『THE FIRST』から次の展開を考えると、BMSGとして今後やりたいことがいろいろあります。結果としては、RANのためになる選択だったと思います。

『スッキリ』での最終審査の結果発表から17日後（8月30日）には、RANが舞台「絶対青春合唱コメディ『SING!!!』～空の青と海の青と僕らの学校～」で、舞台初出演にして初主演を務めることが発表された。9月からの公演は大好評を博し、11月には神戸、22年1月には北九州で再演を含むシリーズ2作品の上演も決まった。

初主演にもかかわらず堂々たる演技を見せたRANだが、ファンはおそらく「アーティスト」RANとしての歌とダンスも待ち望んでいるだろう。『日経エンタテインメント!』2021年12月号のインタビューで、SKY-HIはRANについて「RANが入るグループは具体的にしっかり作りたい気持ちがある」と語っている。その詳細が明かされる日を期待して待ちたい。

PART 2

BE:FIRSTデビュー
→→→「THE FIRST FINAL」開催

BE:FIRSTのために
次なる「旗」を立てる時期

デビューメンバーが発表され、世に出ると同時に"現象"を起こしてした BE:FIRST。フェスやラジオ、テレビへの出演が続き、雑誌やインターネットメディアでも彼らの取材記事があふれ、並行してデビューに向けての準備も進めていた。その中でプレデビュー曲『Shining One』のミュージックビデオの再生回数は2000万回目前に迫っていた。こうした状況をSKY-HIはどう捉えているのか。

　僕も彼らもとても忙しい毎日ですが、今も極力みんなでご飯を食べたり、一緒に過ごしたりする時間はなんとか作るようにしています。アーティストとしての彼らの「今」を語るのは、絶妙に難しいですね。デビューはこれから（11月3日）なので、まだプレデビューの反響の大きさに対して感慨にふけっている余裕はない。今の反響は、想定していなかったわけではないけれども、大きいほうかな。

　反響については、「全然ない」パターンから「最初から注目を集められる」パターンまで複数の想定はしていたんですよ。全然反響がなかったとしても、「やるべきことをやり抜けば、それでも必ず勝ち上がれる」と確信も同時にしていたけれど。

　ただ、反響の大小にかかわらず、メンバー自身がやらなくちゃいけないことは変わってないんです。1番大事なのは「いい

パフォーマンスをすること」に尽きます。今、ありがたいこと
に、たくさんの歌番組からオファーをいただいているんですが、
だからこそ早急に乗り越えなくちゃいけない課題も増えている
かもしれない。

　だって彼らは「クオリティファースト、クリエイティブファース
ト、アーティスシズムファースト」を掲げた「THE FIRST」か
ら生まれたグループだから。番組や世間からのパフォーマン
スへの期待値も高いんです。そこで彼らにプレッシャーを掛け
ちゃっているなとちょっと思う一方で、それがあるから怠れない
のはいいことだと思います。

　「THE FIRST」がブレなかったのは、「旗」があったからだ
と思うんです。合宿後の最終審査でデビューすることすら彼
らにとって最終目標ではなくて、ただ目指すべき旗として3つ
のファーストがあった。そういう意味では、今は旗がいろいろ
な状態です。

　メンバー内でも、高校卒業を控えるSHUNTOとダンサーと
しての道を途絶えさせてでもここに来たSOTAと就職を辞退し
たJUNONと……みんなバラバラなバックグラウンドがあって
ここにいるけど本当に仲が良いし、チーム全体としてここに向
かうぞという「結束力」は強い。お互いをリスペクトし合った
関係を作ってくれているのも、本当に素晴らしいと思います。

　ただ、彼らが今持つべき形の「団結力」という意味では見
つめ直さなくちゃいけない時期。ちょっと新たな旗を立てようと
思っています。足並みをそろえなくてもいいけれども、全員同
じスピードがすごく出る同じ目標を持つことによって、前に向

かえるといいなと思っています。

　もちろん改めて前提として、素晴らしい状況なのは間違いないですね。成長曲線としても。ただ、BE:FIRSTを"ブーム"で終わらせてはいけない。即時的な人気で終わらせないためには、彼らがストーリーを続けていける人になるしかないので、それを一緒に頑張りたいなと感じています。

　まだ、自分が本当に手放しで「最高だ」って言える状況では当然ないです。めちゃくちゃ緊張しています。それでも彼らは人としてもアーティストとしてもどの角度から見ても最高なのは間違いないですし、デビューにはすべてを間に合わせてくれると信じています。

　「THE FIRST」から応援してくださっている方には、これからも信頼してもらっていいと自信を持って言えますね。「THE FIRST」は本当に演出が入っていないし、彼らも誰かや何かのためにやっているのではなく、本当に全員が全員、「自分のためがみんなのため」「みんなのためが自分のため」にやっていました。

　その「THE FIRST」が紡いだストーリーはこれからも続いていくんです。「THE FIRST」は最初からそのつもりで「THE FIRST（一歩目）」と名付けたし、BE:FIRSTをはじめとした「THE FIRST」出身のアーティストにしても、「THE FIRST」を起点に彼らそれぞれの次の人生のストーリーが始まっています。人生って本来そうあるべきで、きちんとストーリーを続けていくことが1番大事だと思うんです。ファンの方にもそれを望んでいただいていると思うし、それをやり続けるだ

けかなと思います。

　応援してくれた人が何をしたら1番喜んでくれるか。それを考える判断材料は、今「THE FIRST」にしかない。そこはこちらも考えやすい状況だなと思います。作品をちゃんと作ることや必死で取り組むことなどやるべきことはたくさんあるし、でも、やっぱり嘘のないストーリーが大事なんですよ。

　我々がやるべきことは、自分たちに嘘をつかず、どこにも媚（こ）びず、何かに迎合することもなく、何かを拒絶することもなく、自分たちのスタンスを自分たちで作り上げていくことかな。「THE FIRST」はBMSGにとっての最初のプロジェクトで、今はそこで見せた概念を貫き通すフェーズ。今後2〜3年はそのストーリーをずっと続けていくことに重きが置かれると思います。

SKY-HIが率いるマネジメント／レーベルBMSGの規模も、「THE FIRST」前に比べると格段に大きくなった。第1号アーティストとして契約したNovel Coreに加え、今はBE:FIRSTの7人、さらには「THE FIRST」に参加したAile The Shota、REIKO、RAN、RUIらも合流。早くもBE:FIRSTの楽曲制作やSKY-HIのアルバムにBMSGのアーティストが関わるなど、音楽でコラボレーションする動きも活発だ。この数カ月で「BMSGができること」の可能性も大きく広がったように思える。

　「THE FIRST」中にも参加してくれた方々に伝えていたんですが、「THE FIRST」に参加して良かったと思ってもらうこと、BMSGと仕事ができて良かったと思ってもらうことが、彼らに対する最低限の関係性だし、必要な行為だと思っていました。そういう意味では今も「それぞれのアーティスト人生に

とって1番いい形を一緒に考える」っていうのは、あまり変わってないですね。もちろん契約するアーティストの数は想定より当然増えているのだけれども、自分がBMSG設立の際にステートメントとして掲げたことが今ももちろん軸にあります。

　僕らが絶対にすべきことは、US発祥の数々のそれやK-POPなど「カルチャー」と呼べるところまで作り上げられたものにリスペクトを示しつつ、我々は我々の文脈とストーリーとクリエーティブでカルチャーを作ること。Novel Coreがいたり、BE:FIRSTがいたり、Aile The Shotaがいたり、REIKOがいたり、RANがいたり……RANが入るグループは具体的にしっかり作りたい気持ちがありますし。そういうふうにいろんな才能がそれぞれの個性をフルに生かした状態で輝き続けて、しかもBMSGという大きなチーム全体でスクラムを組めている状態を作るだけかな。

　平たく言えば、「カルチャー」って、精神性や概念ですね。例えば、作品もその概念から生まれるアウトプットの1つであり、大事なのは「何ができたか」よりも「どういう意志で生まれたか」だと思うんです。自分が青春時代にラップミュージックやヒップホップに傾倒したのも、最初こそアウトプットとしての「作品」がかっこいいという部分でしたが、そこからさらにのめり込んでいったのは、その精神性や概念ゆえ。ヒップホップという概念そのものに傾倒したわけです。

　具体的に言えば、我々が目指すべきは、既存の芸能のスキームにのっとってビジネスとして成功したり影響力を持つことではなく……もちろん最終的にそこも持てればベストですが、「ボーイズグループって普通こうだよね」「芸能事務所って普

通こうだよね」「アイドル／アーティストって普通こうだよね」など、日本の芸能にまつわるあらゆる“普通”をぶち壊す必要があるのかなと思っていますし、自分がそういうのを見てみたい気持ちもある。どっちかというと僕は後者なんですけどね。“新しい普通”をつくることが「カルチャー」の説明としてふさわしいのかなと思っています。

　所属アーティストが合同で行う「BMSGフェス」のような形態でのライブは、今後の夢として持ってますけど、ただみんなが持ち曲を持ち寄るという形でやればいいものではなく、ここでもやっぱりBMSGが大事にしたいのはストーリーです。

　例えば「THE FIRST」の課題曲は、タイトルの頭文字で伏線を張っていましたが、『Be Free』や『Move On』、そこから最終審査の課題曲でBE:FIRSTのプレデビュー曲となった『Shining One』を経てからのデビュー曲『Gifted.』で最終的なメッセージを集約するとか、そういうストーリーは絶対にBMSGをクリエートするうえで大事にしたいことなんです。「BMSGフェス」をやるとしても、なぜその日その場で行われたかといった腑（ふ）に落ちるストーリーなり文脈なりが成立すれば、すぐできると思いますよ。明日やります！（笑）

“ザスト民”と呼ばれた「THE FIRST」のファンや、BE:FIRSTを支える「BESTY」（BE:FIRSTのファンネーム）の存在もまた、ここまでの華々しいBE:FIRSTの大躍進の一翼を担った。SNSでのファン同士の交流も盛んで、応援の仕方などもアイデアを出し合い、「彼らのためにプラスになるファンでありたい」と誠実に考える人が多いように思える。そうしたファンとの関係は、BMSGが目指す「新しいカルチャー」が遠からず誕生することを予感させる。

　僕が作ったBMSGも1周年を迎えたばかりで、その概念も1つ1つ作っている最中だし、BE:FIRSTに至ってはここからスタートするグループです。そんな僕らをたくさんの方々が応援してくれるのは、とてもありがたいことです。ただ、僕らがファンの方に楽しんでいただくことを提供する際、それが即時的であってはいけないと思っています。

　例えば、「今日のJUNONの髪型がいい」「今日もSOTAのダンスが良かった」「RYUHEIの表情がすごくいい」などは、もちろん人の心を動かすものだし、そういった即時的なものの連続で喜んでいただける部分はありますが、果たしてそれが「ファンとして応援したい」につながるかというと、また別物なのかなと思っています」

「信頼」と「愛」の関係性を築き上げて広げたい

　例えば、自撮りの投稿を増やしたり、ライブでファンサービスをしてファンの方々の満足度を高めたりすることで終わらせてはいけない。僕自身はファンに喜んでもらおうと考えたことはなく、ただ、自分の思いや考えに対して真っすぐ動いていくうえで、結果としてそこにいる人に誠心誠意向き合うだけなんですけど、それだけだとどこかでズレも出ちゃう。

　でも、いわゆるファンの目線で意見をくれる優秀なスタッフたちがいるんですよ。B-TownというBMSGのファンコミュニティーでも意見を聞けるし。小さい会社ですから、社長である自分と1スタッフの会話や関係性の延長線上に、会社とファンの関係も考えられるのは強みですね。意思決定に時間も掛からないし、クリエーティブに時間も掛からない……いや、掛か

るけれども頑張ってなんとかという状況を続けられています。何につけても所属アーティストがたくさんの人に喜んでもらえるのは、本当にありがたいし、うれしいことですね。

　彼ら（所属アーティストたち）がすべきはファンサービスをすることでも、ファンと自分のたちの間に内輪ノリを作ることでもなく、応援している人たちに「応援して良かった／間違いなかった」という信頼を勝ち得ること。「パフォーマンスをきちんとやる」という責任は重く背負っていると思います。

　所属アーティストだったり、グループ内のメンバーだったり、スタッフだったりとの間に信頼と愛のある関係が築き上げ続けられれば、おのずと、その向こうにいるファンの方々とも信頼と愛のある関係を築き続けられるのではないかと思っているんです。

　ラップミュージックやヒップホップがそうであったように、「遊び」はプレーヤーが作るものだけど、それを広く浸透させてカルチャーまで押し上げるのはやっぱりリスナーとかファンの存在ですよね。ファンの方の意識も、自分たちのプロジェクトやプロダクトも、ともに創造していければいいと思いますね。

　まだ始まったばかりですが、それが形になったとき、（BMSGの）ファンダムの考え方や感じ方は、日本の芸能のファンダムの常識を覆せると思うし、それが「新しいカルチャー」の誕生地点になるんだろうなと思います。

僕らが追求すべきは
音楽への「純粋性」

2021年11月3日、「THE FIRST」から誕生した7人組ダンス＆ボーカルグループBE:FIRSTが、シングル『Gifted.』でデビュー。同日には『PRODUCE 101 JAPAN SEASON2』から誕生した11人組ボーイズグループ「INI」もデビューし、そのチャートの行方は大いに注目を浴びていた。結果、オリコン週間チャートではINIが1位。しかし、Billboard JAPAN総合ソング・チャート「JAPAN HOT100」ではBE:FIRSTが1位を獲得し、ダウンロード、ストリーミング、ラジオのオンエア回数、動画再生数で4冠を達成した。BE:FIRSTのデビュー前から「Billboardで1位を取れたらうれしい」と話していたSKY-HIは、この結果をどう見たのか。

　ここ数年で、これほどチャートの順位が興味を持たれたことはあまりなかったですからね。1位が分かったときは素直にうれしかったです。

　今の時代、有益な指標となっているのはBillboard。Billboardはここ数年、CDの売り上げやツイート数（注：現在は対象外）のポイント換算の指数を年に複数回調整することで見直しを重ねているんです。より公平性の高いチャートであろうとしている。だから、ここで1位を取れるといいなと思っていましたね。

　もちろん、チャートを絶対的なものとして考えるのもいけない

と思っています。チャートを絶対的なものにすることと、チャートや数字から逃げないこととは、イコールではありません。結局、いいものを作って、届いた人が「いいものが届いた」って喜んで、そういう人の数を増やしていくことが1番大事。ただ、チャート1位を取れたから動き始めたことはたくさんあったし、すべてがいい方向にいっていると感じます。本当に「神に愛された1位」だなと。

もしかしたら、米Billboardの「Hot Trending Songs」にランクインしたほうが大きかったのかなあ。BTSやTWICEなど、名だたるK-POPアーティストとBE:FIRSTが肩を並べている姿はうれしかったですね（「Hot Trending Songs」は、Twitter上での音楽関連の世界的トレンドや会話をリアルタイムで追跡したチャート。過去24時間と直近7日間のデータを見ることができ、BE:FIRST『Gifted.』は11月15日付以降、直近7日間チャートでトップ10入りを続け、最高位3位。24時間チャートでは最高位1位を獲得した）。

結局チャートって「世の中にその音楽がどれだけ届いたか」を示す指標だと思うんです。お金のために作る音楽でも、誰のために作る音楽でも、ロックでもヒップホップでもよくて、世の中に存在するすべての音楽は美しいと僕は思っているんですけど、要はいろいろな音楽があるなかで、何が1番世の中に届いているのか。それを示す指標が、音楽を好んで聴く人以外のためにもあるべきだと思うんです。ヴァイナル（レコード）やCDの時代は“記録物”としての売り上げがその指標だった。

でも、インターネットが出てきて以降、実際はそこだけを見てもあまり意味がない。一方で、1人がCDをまとめ買いする

ことで「チャートハック」できてしまう現状も問題です。2010年代前半のチャートって、本当に歪（いびつ）だったと思うんですよね。特定の人がCDの購入を頑張ることでチャートの順位が伸びる現象は、局所的には（ファンの熱量が結果を生む行為が）美しく見えるけれども、やっぱり「世の中にどれだけ届いたか」を見るものとしてのチャートの意義がなくなってしまうのは問題です。

オリコンチャートで1位だったINIはCD売り上げが50.8万枚、2位のBE:FIRSTは19.4万枚と大きな差がついていたものの、Billboardでは順位が逆転。その結果は今のチャート指標の課題を改めて浮き彫りにする形になった。「ファンが自ら進んでCDを大量買いすることに正当性があって幸せな行動なら否定はしないが、問題はファンの競争心や射幸心を煽（あお）ることにある」とSKY-HIは言う。

　僕自身がリスペクトする任天堂元社長の岩田（聡）さんに倣っていることなんです。スマホの普及によってソーシャルゲームで高額の利益を得る企業が増え、任天堂の株価が落ちていくなか、岩田さんは「競争心や射幸心をあおって一時的な売り上げを上げるビジネスモデルは信頼を勝ち得ることにはならないので、長期的に見たら損害である」と。「信頼を大事にしたいから今の利益は取らない」ではなく、「損害である」と言い切ったのが岩田さんらしいし、本当に美しく、僕自身もそうありたいと思っています。

　BE:FIRSTのデビューのタイミングで、ハフポストに「ファンの射幸心や競争心をあおっても最終的にはあまり幸せになれない」という僕の記事が出たんですよ。その時に「私たちはファンだからCDをたくさん買いたいのに、それを不健康とか言

われた」という反感をごく一部の人からは買いました。もちろん本人がやりたいようにやって、それで幸せなら誰がどう言うことでもないですし、「健康的」の範疇（はんちゅう）かもしれない。収集欲を満たすのも素敵だと思いますし、それに見合うクリエーティブをアートワークや特典で付けていきたいとも思います。でも、「応援するためにたくさん買わなくちゃ」という義務感で続ける応援の形は健康的ではないです。応援疲れしてしまうし、経済的な理由で購入ができない方が肩身の狭い思いをするようなことがあってはいけません。応援する・されるの力関係もおかしくなってしまう。そこに力関係があること自体が不健全だし、そもそも幸せのためにやっているエンタテインメントが、それを義務にさせるのは本末転倒だと思います。

　伝え方が難しいんですよね。正直に話すほど、どこかのビジネスモデルや誰かの応援の仕方の否定につながり、不快に感じたり、傷つく人が出てきてしまう。どう伝えれば僕が傷つける人が最低限で済むのかということを感じる部分ではあります。

MVの再生回数も圧倒的、ラジオのオンエアも驚異的な数字を残しているBTSですら、CDの販売数や音源のダウンロード数が極めて多いことによって、今なお「ファンによる不正なチャート戦略ではないか」と議論が繰り広げられることがある。忠誠心の強いファンを持つグループとそのファンにとって不可避なこの議論を、SKY-HIは当事者としてどう見ているのか。

　そういった議論が生まれること自体は健全だと思いますし、どの立場の発言もアーティストとしての価値を毀損するものでない限り良いものだとも思います。結局、音楽を適切に評論したい人にとっては、「CDを積む」という行為でできてしまう順位はチャートの中の「ノイズ」になってしまうんです。ダウン

ロード数やMV（ミュージックビデオ）の再生回数に比してCDの売り上げだけが突出していることは健全ではないですよね。僕は少なくともBE:FIRSTのファンの母数は分かっていて、事前にCDを予約するコアなファンも、複数枚買う人も、1枚だけの人もたくさんいました。あらゆる応援の仕方も含めて、今回はそれがとてもきれいなバランスだったと認識しています。

SNSなどでは、BE:FIRSTと出会ったことで初めてもしくは数十年ぶりに「推し活」をするというコメントもよく見かける。その人たちが「どのように応援すれば、彼らのためになるのか」を考え、迷う様子も目にした。

「どう応援したらいいんだろう」という考え方自体が不健康だし、応援したいようにしてほしいなと思います。CDは届いた人が喜ぶように作るし、ボーイズグループである以上、ビジュアルもこだわりたいクリエーションの1つです。だから、CDのアートワークにもこだわるし、ジャケット写真の撮影のときには優れた特典用の画像も作りたい。特典だって、できるだけ多くの種類を用意したいんです。僕自身としては、ファンが「欲しい」と思うものは作りたい。

無理してCDを買ってほしくはないけれども、グッズのようなものとしてファンのニーズがあるのであれば、CDを買ってもらう正当性はあると思っているんです。買って喜んでもらえるようにいろんな形を用意しているだけなので、好きなものを買ってほしいです。通常盤も気合いを入れてジャケットを作っていますし、コンプリートしたい特典があればそろえることを楽しんでもらいたい。それがあまりにも逸脱していたら、もちろん是正していきますし。僕らも常識の範囲内でやるから、欲しいものを買ってほしいです。

今が新しい仕組みを作るチャンス

CDでもダウンロードでもストリーミングでも、聴きたい方法で聴いていただければいいし、僕らはどれでもうれしいんです。そのうえで、チャートの順位が上がればもちろんうれしいけど、SNSの「いいね」1つだって本当に幸せなんです。「いいね」したい人に「いいね」したいものが届くことで、「いいね」が付くと思うので。

今回、BE:FIRSTは歴代3位の1400万回のストリーミングの再生回数を記録しましたが（オリコンチャート「アーティスト別週間再生数記録」）、1回聴くことは1400万分の1を担っているわけではなく、我々が命を懸けて作った楽曲の1回の再生が1400万回行われたと捉えています。

だからこそありがたいのであり、10回聴いてくれた人は10回分それを味わってくれたわけだから、こちらとしては10回分うれしい。聴くに値するものを作るのはこっちの仕事だし、作る側の僕らはそこを忘れちゃいけないと思っています。楽しみ方は本当に自由なので、それぞれの幸せのために楽しんでほしい。本当にそう思います。

僕が最近、希望的に感じたことの1つが、自分が音楽業界に抱いていた問題と同じようなことを感じている人が、世の中にはいっぱいいたということでした。ここ10年、日本の芸能の状況があまり良くない方向に進んでいたのは間違いないと思うんですよ。それを愛している人からすると厳しい言葉になるかもしれない。ただ、「THE FIRST」なりBE:FIRSTで初めて「推し活動」をする人が生まれているということは、新しいシス

テムを作っていけるチャンスでもあるんです。ここで強い気持ちを持って考え続けて変えていかなきゃいけないと思っています。

　アーティストでもアイドルでも、エンタテインメントを生業にしている人って、本質的には人の生活を幸せにするためにやっていると思うんです。それなのに、「経済的に苦しめられ、精神的に圧迫されるけれども応援したい」といった共依存を求めるタイプのファンを作るのは本質から明らかにズレているから、そこは否定しないといけない。何のためにBMSGを立ち上げたのかと言えば、現状に対しての問題提起でもあるわけです。それを絶対に忘れちゃいけないと思っています。

　本当に我々がやるべきは「いい音楽を作る」「届いた人が喜ぶものにする」「そんな人をたくさん増やす」の3点。今回のBillboardの1位の勝因は何かと言ったら、音楽に向かう「純粋性」だったと思います。今の時代、データを扱う人間と実際に作品を創る側の人間に分かれていたほうがいいし、僕ら後者はこの先もデータや数字は極力気にしないで、純粋性を保つことが絶対に必要だと強く感じています。

ヒットを生むプロデュース　# 「作品性」と大衆性
ブームに終わらないために

「世界を取れる」
BE:FIRSTデビュー曲で手応え

「本気で世界を取りにいくグループを作る」——これは「THE FIRST」が
始まる前から一貫してSKY-HIが語り続けていたこと。「BE:FIRST」を世
に放った今、その言葉は「本気で世界を取れる自信が付いた」に変わっ
た。その「自信」は何をきっかけに得たものなのか。

　世界を取れる自信を得たのは、シンプルに（BE:FIRSTのデ
ビュー曲）『Gifted.』が評価を得たからです。『Gifted.』には
ボーイズグループのデビュー曲と言われて想像されるような、
ポップさやキャッチーさはありません。

　そんな曲でメジャーデビューするボーイズグループが決して
「色物」ではないことを示せたと思いますし、数ある世界の音
楽トレンドのなかでも聴く人に向けて媚びない方向の楽曲でデ
ビューしたこのボーイズグループに対して、多くの人が音楽的
に支持してくれていること、風が吹いていることに対して自信
が付きました。僕としては「理想的なスタート」というか、「バ
ランスに苦しまなくていいんだ」と感じたんです。

　バランスとは、「作品性」と「大衆性」のバランスですね。
僕自身も含めて、これまで日本のアーティストは、それに苦し
められてきたと思います。でも、今回の彼らの『Gifted.』は、
作品性に振り切った楽曲が大衆性も獲得できる実例を作った。

これが何よりも大きなことですし、この作品が成功したからこそ、それ以降は媚びずにポップソングが作れるようになりました。

　（プレデビュー曲の）『Shining One』の後に圧倒的なポップソングを作って数字的な結果を残すことは、もちろんできました。でも、そうしてしまったら彼ら（BE:FIRST）自身に「大衆性」という言葉が付いて回ってしまうし、その後、作品性の高いものを作ったときに、そのことが「方向転換」となり、その曲が「挑戦」「色物」と位置づけられる恐れもある。このメジャーデビューのタイミングで、完全に「作品性」に全振りした曲が評価されたことは、今後の彼らの活動にとってものすごくプラスになると思います。

　『Gifted.』という楽曲によって、今後、誰に媚びることもなく大衆性の高いポップソングを出すことができるようになったし、逆に作品性の高い歌も彼ら自身が常に持っているアティチュードの一環として出せるようになった。そこに関しては僕自身、今は「精神的無双状態」を感じています。作品として何でも出せる。メジャーデビューでその状態を作れたことは大きいし、彼らにもその自信を胸にどんどん成長し続けてほしいです。

一方で、BE:FIRSTは世に出たばかりであり、15歳から23歳までの平均年齢20歳程度の青少年。本気で世界を目指すにあたり、今後の課題は技術面だけではない。世界に出ていくからこそ、精神性も含めて彼らの自覚をできるだけ早く作っていかなくてはいけないとSKY-HIは考えている。特に近年、ヒップホップカルチャーに由来する男性アーティストが指摘されるのが過去の曲に内包されていた蔑称やミソジニーに関わる表現だ。

　00～10年ごろのラップミュージックからの影響で、危うい表

現をしてしまう人の気持ちも分かります。でも、もちろん21年の今やるべき表現ではない。彼ら（BE:FIRST）があと数年で世界的なアーティストにたどり着ける手応えを感じているからこそ、できるだけ早く彼ら自身に世界で自分たちを表現することの自覚や責任感を芽生えさせなくてはいけない。これは結構たいへんなことだと思います。

平均年齢が20歳程度のアーティストとしては、彼らはだいぶしっかりしているけど、アーティストとしてのアティチュード、スタンスや責任感は、本来であれば何年もかけてようやく生まれてくるものだとは思います。それを、ものすごい勢いで身に付けてもらう必要がありますね。

それは同時に「新しいカルチャーを作りたい」というBMSGの掲げる理念にも密接に関わっている。

彼らの初のワンマンライブ（21年11月5日に開催された「"FIRST" One Man Show -We All Gifted.-」）は、オンライン視聴だけでチケットが8万5000枚売れました。この数字だけ見ると、ドーム公演も2デイズだってできます。でも、それを早急にやることは、単なるブームを作ってしまうこと、彼らのアーティストとしての寿命を縮めることにもつながると思っています。

彼らは「THE FIRST」という「ブーム」から、「ムーブメント」にようやく進んでいる段階。そのまま先に進んでBMSG全体で「カルチャー」にまで育て上げれば、彼ら自身の表現が毀損されることもないし、そのカルチャーを実のあるものにできれば、所属アーティストたちは永続的に、そして自由に愛される存在になれる。今はそこを作ることを、本当に頑張らない

といけない時期です。

　熱狂を生んだ人たちなり集団なりが、急速に力を失っていく様子もこれまで見てきています。時代の流れがいきなり変われば、一気に古いものになってしまう。それを怖いことだなと感じる自分もいるんです。でも、例えば15、16年後にそんなことが起こったとしても、その時には（BMSG所属ラッパーの）Novel Coreやedhiii boiが脂の乗った30代。彼らが（自分の感じていることを直球で表現する）コンシャスな曲を書いて、それを蹴散らしてくれるんじゃないかな。その頃になれば新しい10代後半のラッパーも出てきているかもしれないですよね。僕はその頃は50代。それで10代のラッパーと一緒に曲を出すんですよ（笑）……いや、引退しろよ俺！（編集部注：この一言で、SKY-HIは生涯ラッパーとして生きるのだなと強く確信した）

25

人を育てる　# 成長を促す外部の刺激
「責任のある発言」を学ぶ

僕がメンバーのラジオ出演を
大事にする理由

BE:FIRST のメディア露出で際立って目立っているのが、地方局も含めた「ラジオ出演」だ。デビュー曲『Gifted.』が Billboard JAPAN 総合ソング・チャート「JAPAN HOT 100」で1位を取った際（2021年11月10日付）のチャート項目でも「全国の FM／AM 放送回数」はウィークリー1位を獲得し、12月1日付チャートまでは4週連続8位以内をキープしていた。多数の局で「パワープレイ」（推薦曲）に選出されたことも大きいが、デビューしたばかりのボーイズグループがこれほどラジオでオンエアされることは珍しい。Soundcharts によると、デビューから12月20日までで BE:FIRST の楽曲のエアプレイ数は707回に上る。SKY-HI はラジオという媒体への特別な思い、ラジオの作り手に対するリスペクトを交えつつ、BE:FIRST が積極的にラジオ出演する理由を明かした。

　ラジオで『Gifted.』をたくさんかけてもらったのは、シンプルに「音楽的な価値が高い」と思っていただけたことが1番かなと思います。ラジオ番組は、リスナーからのリクエストもあるけど、そもそも良い曲をかけたいという矜持（きょうじ）がある。どの曲をかけるか、どの曲をパワープレイに選ぶかとなった際に、選ばれる曲でありたい。

　一方で、アーティスト自身がどれだけ人気があっても、ラジオで流れない曲ってやっぱりあるんです。ただ、時代が変わってきたから、選曲側も "ダンス＆ボーカルの曲＝音楽的な価

値が低い”と考えているわけではなく、フラットに音楽的な価値があるか、面白いか、意義があるかを計っていると思います。そういう意味で、今回たくさんかけていただいたことは誇っていいことだと思います。

　僕自身がヒップホップ育ちで、ヒップホップとラジオってめちゃくちゃ密接な関係にあるのもあり、特にラジオという文化は好きなんですよね。数年ほど前まで少し元気がなかった時期もありましたが、「radiko」の拡充でまた復権しているのかなと思うんです。だから今回のBE:FIRSTに関しても、ラジオ番組へのゲスト出演のオファーがあれば極力断りませんでした。

　ラジオを大事にした理由は3つあって、その1つは、ラジオは「偶然の出会いを生めるメディア」だからです。ラジオ番組に1度出演すれば、何千人、何万人の「初めてBE:FIRSTを聴く人」を生み出せるんです。自分もソロでのメジャーデビュー当時は「ラジオでかかることを意識して作った」と話し、手紙を書いたりもしました。積極的に地方局の番組にも出るようにしていました。

　ラジオがくれるアーティストにとっての一番の幸せは、偶然出会わせてくれる人が多いこと。YouTubeだと能動的に再生ボタンをクリックする必要があるけれど、ラジオはたまたまその番組を流している人の耳に入ることができる。その可能性があるって、めちゃくちゃ夢があるじゃないですか。そしてラジオは受動的なメディアだけど、情報量より想像をかき立てる部分が多いことにも美しさを感じていたんです。

　2つ目は、ラジオ局の人は面白い人が多いこと。もちろんそ

つがなく番組を制作する人もいるけれども、ラジオというメディアに矜持やプライドを持っている人が多いんです。彼ら（BE:FIRST）に、そういう人となるべく接してほしいと思いました。ラジオのディレクターと話すことは、アーティストなど表に出る職業の人にとって絶対刺激になると僕は思っているんです。

　3つ目が、世に出て間もないタイミングでラジオの生放送番組に出演することで、「自分の発言に責任を持つ」ことを身に付けさせたいと考えたからです。発言に責任を持ったうえで、当たり障りのないことしか言わない人にもならないでほしい。ラジオで話すときは、何かに媚びて無理に面白いことを言おう、喜ばせようと思う必要もない。自分たち自身のことや楽曲の魅力などについて、シンプルに自分の言葉で責任を持って伝えられる限られた場だと思うんです。

　それに、優れたアーティストのラジオは音楽的な話をするしないにかかわらず、絶対に面白いと思うんです。（星野）源さんとかが分かりやすい例ですが。彼ら（BE:FIRST）にも、そういう人になってほしいなと思います。しゃべりが流暢（りゅうちょう）じゃなくてもいいし、ノリツッコミの瞬発力みたいなものがなくたっていい。ただ、1人の人間として興味深い人ではあってほしいですよね。みんなそうなれると思っていますし。（BMSG所属の）RUIのラジオとかめちゃくちゃ聴きたいけどね。ラジオ番組には、今後もどんどんみんなを出していこうと思っています。

26

人を育てる # ステップアップと区切り
大きなステージでの経験値

「THE FIRST」に最後の祭りが
必要だった理由

SKY-HIがプロデューサーを務め、BE:FIRSTを生んだオーディション「THE FIRST」が、最初で最後のライブ「THE FIRST FINAL」をぴあアリーナMM（横浜市）で2022年1月29日・30日に開催する。ステージに立つのはBE:FIRSTのメンバー7人に加え、富士山合宿に参加したNAOKI、RAN、REIKO、RUI、SHOTA、SHUNSUKE、TAIKI、TENの15人。さらには、SKY-HIなどの出演も発表されている。

開催発表時のコメントで、SKY-HIは、「BE:FIRSTは自身の歌詞で "THE FIRST to "be" 受け継いでいく勇気" と語っていますが、まさしくBE:FIRST、そしてそれ以外のTHE FIRST参加者にとっても、更には応援してくださっている皆様にとっても、永遠に残り続ける、母校の様な物であれると感じております」「それぞれの人生を真に前向きに歩いていく彼等の今後のためにも、そして皆様にも、大切な過去として何度でも振り返っていただけるその為にも、一度皆でTHE FIRSTの卒業式を行わねば……ぬるりと移り変わっていくのではなく、区切りを最高の形でつけねば！と思い、この度 "THE FIRST FINAL" を開催させていただく事に致しました」（以上、原文ママ）と記している。今回は改めて、「THE FIRST FINAL」への思いとその位置付けについて語ってもらった。

　「THE FIRST」の1番の成功は、そこから誕生したBE:FIRSTのピークが、結成した瞬間にならなかったこと。つまり、「THE FIRST」という番組を見てくれていた人が、結成後も支持・

124

応援をしてくれていることや、むしろ放送終了後に「THE FIRST」および出身者に注目が集まったことが、僕自身にとっては正解であり、大きな成功だったと思いますし、今後もそれは続くと思っています。

　そのなかで「THE FIRST FINAL」を開催する理由は３つあります。１つは、出演するボーイズのほとんどは現在BMSGに所属しているアーティストであり、今後も僕やBE:FIRSTと顔を合わせたりする機会が出てくること。もう１つは、22年にはBMSGとして２つ目のグループを作りたいなかで、「THE FIRST」を「歴史」にする必要がありました。つまり、しっかりと「終わらせる」「ピリオドを打つ」ことによって、いつでも振り返ることができるものになるし、いい意味で「過去のもの」にする必要があったんです。３つ目は、これまで「THE FIRST」を応援してくれた人への感謝の気持ちです。

　「THE FIRST FINAL」のリリースでも書きましたが、このまま「ぬるり」と進んでしまうのは危うい気がしているんです。現に、BE:FIRST以外の「THE FIRST」出身ボーイズもどんどん活動が進んでいます。近いところでは、１月５日にはAile The Shota（SHOTA）の楽曲『AURORA TOKIO』がリリースされ……これ、聴くほどにめっちゃいいんですけど、他曲の制作も進んでいます。

　「卒業式」と表現しましたが、実際には「卒業式」というより「祭り」ですよね。こうして各自が本格的に次のステップに進む前に、最後の祭りをドンとやらないといけないし、応援してくださる方のことを考えても、最後の祭りを設ける必要があると思うんです。「なんとなくみんな最近、THE FIRSTの話をし

なくなっちゃったな」というさみしさから逃れるためにも、「ここがTHE FIRSTのファイナルだったね」という、分かりやすい祭りを作ったほうがいい。そこは皆さんに信じてほしいし、「THE FIRST FINAL」を通して実感していただきたい部分です。

とにかく、全員の次のステップを最高なものにするためにも、「THE FIRST」をいつでも振り返ることができる過去にすることは必要です。そのうえで、「THE FIRST」が未来に向けて本当に前向きなもの、輝かしいものであったという気持ちをみんなに持ってもらえるように頑張りたいと思っています。

「THE FIRST」、特に富士山合宿以降は、いわゆる落ちた／受かったではなく、それぞれの才能を育成したうえでそれぞれが幸せになる未来を見据えていった。それもあって、「THE FIRST」の最終発表の回では最終審査に参加していないメンバー5人も観覧。「THE FIRST」を見続けてきた人にとっては、いわゆる「エモい」場面ではあった。今回の「〜FINAL」への彼らの参加も含め、SKY-HI自身の彼らに対する率直な気持ちはどこにあるのか。

実は最終審査の日にちょっと思ったんですよ。長時間にわたる撮影の時間の中で、「なんで彼らがパフォーマンスする時間がないんだろう」って。彼らを最終審査に呼んだのは、僕にとっては自然なことだったし、BMSG所属になったRUI以外のTAIKI、NAOKI、SHUNSUKE、TENも出演決定前に軽く声を掛けたらみんな喜んでくれていたし、当日も最後まで喜んでくれていました。

僕は「彼らも絶対最終審査を見たほうがいい」と思いなが

らも「無理はしないでね」「誰か1人でも躊躇（ちゅうちょ）する人がいれば、BMSG側の都合で、ほかの合宿メンバーを呼ぶのはやめました、ってできるから」と伝えました。でも、みんな「行きたい」って即答してくれたので、合宿を通して本当にいい関係を作れてよかったなと思いました。

とは言うものの、やっぱり途中で審査からいなくなっていったボーイズたちこそ、「〜FINAL」をやることで、パフォーマンスを通してみんなそろって前向きな姿を世の中に見せられる場ができるんじゃないかな。

アリーナ会場で2日間にわたってライブをするのは、経験値としてはとても大きく貴重なものです。もしかしたら次の活動の事務所が決まっているNAOKIなんかは、この経験を機に大きく化ける可能性があるかも……とか（編集部注：NAOKIは新型コロナ陽性判定を受けて不参加となった）、彼らが大きく成長する刺激になることも楽しみにしています。

一方で、これまで言われていたように、BE:FIRSTにとって「THE FIRST」での課題曲からデビュー曲の『Gifted.』までが一連のストーリーである。以降、彼らはここから新たなステップを踏み出す。この「〜FINAL」を機に、彼らに課せられるのは、新たな覚悟と責任だとSKY-HIは語る。

BE:FIRSTは、このピリオドによって、今後、背負う責任はどんどん増えていくことになるでしょう。もし彼らが今のまま活動を続けた場合、デメリットが生じてくるんです。それは、彼ら自身が「オーディションの延長線上にあるグループ」と今後も捉えられ続けてしまうことが1つ。つまり、見ている側も本人たちも、オーディション時のアマチュアの段階を引きずってし

まうことです。

　彼らも、さほど遠からず「新人」と呼ばれなくなる日が来ます。音楽業界には新しいボーイズグループがどんどん出てきますし、BMSGにだって新しいグループを作るなかで、きっと新しいメンバーも入ってくる。彼らは先輩という立場になります。そのときに、BE:FIRSTには、「自分たちは『THE FIRST』を代表して生まれたBE:FIRSTだ」という覚悟と責任がもっと必要になってくる。「〜FINAL」は、今後のBE:FIRSTにとっても、とても大きな意味を持つポイントになると思います。

PART 3

アーティスト＆スタッフ増加、フェス開催 →→→ BMSG「新章」へ

2022

02/21 - SKY-HI、『JUST BREATHE feat. 3RACHA of Stray Kids』リリース

04/02 - BE:FIRST、初の冠番組『BE:FIRST TV』放送開始

04/10 - BMSG、Twitterで求人募集を告知

04/24 - BE:FIRST、「"Bye-Good-Bye" One-day One Man Show」開催

05/18 - BE:FIRST、2nd Single『Bye-Good-Bye』リリース

07/01 - edhiii boi、RUI、TAIKI、EP『15th Dream』リリース

08/31 - BE:FIRST、1st Albuml『BE:1』リリース

09/17, 18 - 富士急ハイランドで「BMSG FES '22」開催

09/17, 18 - 所属アーティストとトレーニー15人が総出演

09/23 - BE:FIRST、「BE:FIRST 1st One Man Tour "BE:1" 2022-2023」開幕

BMSGがリリースし続ける理由、
ソロ・空気……

2022年の年明けから、BMSGは怒涛（どとう）のリリースラッシュとなった。
幕を切ったのは、1月5日のAile The Shota(以下、Shota)の1st Digital
Single『AURORA TOKIO』。12日にはedhiii boi（エディボーイ／以下、
edhiii）が1st Digital Single『NO』を、また1月18日生まれのedhiii、SOTA、
Novel Coreの3人が誕生日に『118 (Prod. SOURCEKEY)』を配信。26日
にShotaが1st Digital EP『AINNOCENCE』をリリースし、1月を締めた。

21年10月にもBMSG感謝祭として毎週水曜に楽曲をリリースしたことが
あったが、"感謝祭"と銘打たずとも、BMSGにとってこの活動は今後も
"通常営業"なのではないかと思わせた。特に「THE FIRST」参加組であ
るShotaやedhiiiの展開は、予想よりはるかにスピーディーに感じられた。
果たしてSKY-HI自身はこの展開をどう考えているのか。

　頻繁にリリースする背景には3つの理由があります。1つは、
ShotaやedhiiiiI「仕上がっていた」こと。すでに仕上がって
いるものを世に出さない理由がないじゃないですか。

　世に出すことを考えたとき、2種類の考え方があると思うん
です。片方は、最初に僕なりにBMSGにとっての理想的なタ
イミングを考えて、そこに当てはまるものを出すケース。21年
にボーイズグループをデビューさせたくて、そのタイミングに間
に合う方を探したBE:FIRSTは、これに当たります。もう片方

は、シンプルに仕上がるのを待ったり、または仕上がっている人を発掘してきて出すケース。Shotaやedhiiiはきっかけこそ違えど、後者に近い2人です。才能の片鱗（へんりん）を感じてスタジオに入ってもらい、試しに1〜2曲作ったらいい作品が出来た。ならば、今すぐ世に出しましょうと。

2つ目は、彼らがソロだからということ。これはまたボーイズグループとソロの違いかなと思うんですけど、グループは予算に対する考え方が特殊だし、動く人の数も圧倒的に変わってきます。だから、そう簡単に新しいグループを生み出せるものではありません。もちろん、コストが掛かるぶん、ポジティブな側面が多いのも確かです。本人たちの1番の売りは、もちろん音楽ですが、ビジュアルの魅せ方も幅が広がるし、こだわって作れば、そのぶんの反響は大きく得られます。とはいえ、やはり思い付きで出していけるものでもない。

対してソロアーティストは、予算を掛けようと思えばいくらでも掛けられるし、逆に抑えたって、クリエーティビティーで工夫すれば、いくらでも面白いものが出来るんです。edhiiiのリリースで、それは証明できたかなと思います。

進学に影響するのはもってのほか

edhiiiは「THE FIRST」への参加が縁で、その後も積極的にSKY-HIにデモ曲を送った末に、BMSGとのアーティスト契約を14歳でつかみ取った中学生だ。「NO』のアートワークなどに、実物の彼は一切顔を出しておらず、ミュージックビデオは、本人をモチーフとしたコミカルでポップなキャラクターを立てたアニメーション映像で表現している。

　地方在住の中学生だから、無理に稼働させられないし、させたくはない。音楽活動で学業をないがしろにしたがために成績を落としたり、進学に影響があってはもってのほか。彼のお母様とも何度も電話でお話ししました。僕らだって大事に育てられた息子さんを預からせてもらっている責任は大きいです。デビューするからといって、必要以上に拘束するわけにもいかないので、MVは、edhiii以上にedhiiiらしいアニメ化したクリエーションを採用しました。

　ソロの場合、リリースのスケール感に幅が利きます。いい作品ができたら早く世に出したいほうが大事かもしれないですね。1つ目の理由にもつながりますが、ソロアーティストに必要なものがあるとしたら、やっぱりクリエーティビティーとアーティシズムとクオリティーを本人が担保していること。たまたまShotaやedhiiiが準備できていたから、デビューが早かった。そんなシンプルな話です。

BMSGの掲げる理念に共鳴する人に恵まれて

　3つ目は、「空気」です。BE:FIRSTとしてデビューしなかった「THE FIRST」の参加者に対する空気感は、センシティブに見ていました。BMSGは、「B-Town」というファンコミュニティーを運営しており、そのなかの「Architect」というコースでは、制作の裏側や意図、エピソード、クローズドでしか出しにくいようなクリエーティブにまつわる率直な話を明かしているんです。BE:FIRSTではないメンバーたちの情報をそこで出しながら、彼らに対する情報のニーズや彼らの今後の活動に対する皆さんの声と慎重に向き合っていきました。

それこそ韓国のオーディション番組からデビューを果たせなかったメンバーのその後の動向や世間での捉え方なども、事例として注視しました。オーディションで結成したグループと関連グループのリリースが近いと、ファンからネガティブな反応があること、さらに言えば、スタッフからは、「THE FIRST」中に僕自身がソロの楽曲をリリースすることすらマイナスに作用する可能性もあるかもしれないという意見もありました。

実際には何をしていても楽曲は作れるし、リリースもできるんです。でも、「（SKY-HIは）オーディションに集中してない」という印象を持つ人も出てくるかもしれないと。

その話を聞いたときにまず感じたのが、各自がどんどん楽曲を作ってリリースし、はたまたコラボをするような活動を好意的に受け取ってもらえるムーブメントにしたいなあと。

単にオーディション番組そのもののブームではなく、BMSGそのものが生み出すものが面白がられるムーブメントになれば、それがいつしかカルチャーへと育っていく。ありがたいことにBE:FIRSTの『Gifted.』リリース前に、「THE FIRST」を応援してくれた方々が、BMSG全体をサポートしてくれる空気が感じられました。

だからこそ、「THE FIRST」の最終メンバーに残っていたAile The Shotaのデビューに懸念はなかったし、合宿メンバーにも入っていなかったedhiii boiがこうして世に迎え入れられたのは、その極致でしょう。会社の社会的信用とは別の話ですが、少なくとも「THE FIRST」やBMSG、僕自身は、応援してくれる方々からアーティストに対する考え方への信頼をお

よそ勝ち得ることができた自信があり、それを空気として感じ取れた。だから2人を世に出すことができたんです。

事務所の枠を越えた「ユナイト」をしたい

オーディションやボーイズグループは世間の話題に上りやすい。その状況はBMSGの認知度こそ上げられるかもしれないが、BMSGの持つビジョンや音楽性とはかけ離れた方向に進んでしまう危惧もあった。しかし、こうしてリリースを連発することによって、BMSGは自身の進むべき道を、進みたかった方向に、非常に鮮やかなステップで歩み始めたように見えた。

世間に「BE:FIRSTの事務所」と捉えられることは、会社としての自由度も薄まってしまい、一長一短の「短」が多くなりかねません。ほかならぬBE:FIRSTにとっても。BMSGの最初のアーティストはNovel Coreで、その次にボーイズグループであるBE:FIRSTがデビュー。その後、Aile The Shotaやedhiii boiを世に出せたのは、打ち出しとして完璧でしたし、そのバランスは本当に意識した部分です。

今の時代、目から入る情報を無視することはクリエーティブではなく、それゆえに意識的に顔を出さないアーティストも生まれている状況です。そのなかで、僕らBMSGのソロアーティストって、Novel CoreにしてもAile The Shotaにしても、ビジュアル的にも非常にアイコニック。同時にBE:FIRSTには、アイドル性も保ちながら高い音楽性も併せ持つボーイズグループになることを求めています。ソロだからここだけが売り、グループだからここだけが売りというのではない。そんな彼ら全員が1つのクルーとして絡み合っていったら、すごく面白いことが起きるはずです。

　僕、マーベル作品が大好きなんですが、同じマーベルなのに、作品によってコメディだったりヒューマンドラマだったりサスペンスだったりドキュメンタリーだったりする。めちゃくちゃ面白くないですか？ それでいて数年に1回、全キャラクターが勢ぞろいする作品があって……あのエクスタシーって半端じゃないです。

　そんな形態をマネできるのかと思うでしょうが、作れます。嘘をつかないことを大前提にすれば、実際の人間のほうがよっぽどドラマがあると僕は思っているんです。だから、BMSGに所属するみんなには、自分に嘘をつかず、思うがままに進んでほしい。さらにBMSGだけでなく、事務所の垣根を越えていろいろ一緒にできたら面白いなと思うんです。日本の芸能の歴史において、事務所の枠を越えたユナイトは多くはありませんが、なくていい枠組みをなくすことはBMSGのミッションの1つなので、将来的にはやっぱりやりたいです。

Stray Kidsと共作、
キャリア関係なく「仲間」に

今回は、2022年2月21日に電撃リリースされたSKY-HIの配信シングル
『JUST BREATHE feat. 3RACHA of Stray Kids』について聞いた。この
曲でSKY-HIがコラボレーションしたのは、韓国のボーイズグループ
「Stray Kids」のバンチャン、チャンビン、ハンの3人によるプロデューサ
ーユニット「3RACHA」だ。"K-POP第4世代"のトップをひた走る彼らと
のコラボは、iTunesソングランキング（すべてのジャンル・ヒップホップ／ラッ
プ）世界29カ国・地域で1位、ワールドワイドソングランキングで3位を
獲得という偉業を達成した。このコラボはどう生まれ、作られたのか。

　最初に連絡をもらったのは21年の5〜6月だったと思います。
まず1回お互いにリモートで意識のすり合わせをしました。
「せっかくやるんだからどこにも何にも媚（こ）びず、思い切っ
てやっちゃっていいよね！」って。結果的には確かに数字の面
でも成果を上げられたし誇らしいんですが、そのためのコラ
ボではないし、たとえ誰にも聴かれない・評価されないもの
であっても、お互いにとって意味のあるものにしたかった。だ
からそこを共有したうえで、「じゃあ（音楽プロデューサーの）
UTAくんのところに行くから、1回作って送るね」って。その
後もデータのやりとりをしながら2〜3回リモートで会話して完
成させました。

　もともとStray Kidsに対しては「かっこいいグループだな」と

いう印象がありました。K-POPは勢いも実力のあるグループ
がたくさんいて、どんどん新しいグループも出ている群雄割拠
の状態。その中で、それぞれがそれぞれのカラーや立ち位置
を打ち出しています。ただ、良くも悪くもコンセプトが強いグル
ープが増えていること。ブランディングがすごいなと思う一方
で、活動がある種、それに縛られてしまう可能性もある。

　その中でStray Kidsは、彼らにしか出せない強めの空気感
を表現しながらも、何か根底に自由度を感じる。それって、彼
らの音楽に対するアティチュードなんだろうなと本当に思いま
す。スタッフや各種クリエーターも含むチーム全体で強い世界
観を出しても、彼ら自身が発する表現になる。クオリティーとク
リエーティビティーに裏打ちされた世界観づくりを感じていまし
た。そこを特に担っているのは、楽曲を制作している
3RACHAで、音楽への自意識や意志がものすごく強い。本
当に彼らはアーティスティック。だからこそ、グループ以外での
クリエーティブにも興味や期待を持っていました

素直でピュアで、チャーミング

**今回、コラボレーションを行った3RACHAのバンチャン、チャンビン、ハ
ンの3人と実際にやりとりしてどう思ったのか、印象は変わったのか。**

　まず3人ともチャーミングだな、という印象が強く、驚いた
部分ではありました。自分も含めた"アイドルラッパー"の一
つの特徴として、（外からラベリングされる"アイドル"の枠にあら
がうべく）スキルにこだわったり、ボースティング（自分の強みを
強気で表現する）の言葉が強くなったりしていく傾向にあると思
うんです。そういった側面の曲を特に好んで聴いていたから、

3RACHAももう少しオラっているというか、怖い子たちなのか
なって(笑)。でも、とても素直でピュアで、驚くほどチャーミン
グでしたね。チャンビンはものすごくいい子だし、ハンくんはび
っくりするほどかわいいし。バンチャンはこれまでの楽曲からも
「常に何かに燃えているんだろうな」という印象はあったけれ
ど、やっぱり何か熱いものを内側に抱えている気がしました。

　おこがましいかもしれませんが、僕からすれば「仲間」の
ような感覚もありました。音楽に対するアティチュードはもちろ
んですが、グループ活動をしていることで外からカテゴライズ
やラベリングされる場所にいながらも、自分たちの音楽性を貫い
ている。

　もっとも、韓国は目上の人に敬意を払う儒教の思想が根底
にある国です。3RACHAは僕のことを「SKY-HIヒョン（兄さ
ん）」と呼んでくれていたから、あまり軽々しく「仲間」と呼ぶ
と逆に気を使わせてしまうかもしれないですが、自分としては
年齢が違っても「仲間」という感覚なんですよね。実は今も
SNSのDM経由でかっこいい曲を作っているまだ無名の若い
子と知り合い、「一緒にやりたい」と言いながらも僕のスケジ
ュールの都合で待たせちゃっていて「マジごめん！」なんです
けど、作っているものがかっこよかったり、音楽へのアティチュ
ードが似ていたり、キャリアや実績関係なく「仲間」って思う
方っているんですよ。

　3RACHAに関して言えば、そのうえで彼らは世界的なスタ
ーでもあるわけですから、今回のコラボはとても光栄だったし、
気づきの多い経験でした。

29

＃ ヒットを生むプロデュース　＃ 海外からの学び
＃ 海外進出への課題

3RACHAとの
コラボで実感したリアルな "世界"

SKY-HI が 2022年2月にリリースした配信シングル『JUST BREATHE feat.3RACHA of Stray Kids』は、iTunes ソングランキング（すべてのジャンル・ヒップホップ／ラップ）において世界29カ国・地域で1位、音楽チャートサイト「Kworb.net」におけるワールドワイドソングランキングで3位を獲得した。

SKY-HI 自身のアーティストとしての能力の高さ、楽曲としてのクオリティーの高さは当然あるにせよ、グローバルでここまで跳ねたのは、コラボレーション相手である韓国のボーイズグループ Stray Kids のプロデュースチーム「3RACHA」が持っていた強さも大きかった。『JUST BREATHE』のリリース前後は、Stray Kids のファンダム「STAY」がチャートアクションに対して団結して動く様子も見られた。

この経験を通して SKY-HI は何を感じたのか。

　まずは Stray Kids のファンダム「STAY」のパワーを目の当たりにして、シンプルに「世界中に人はいっぱいいるんだな」って、本当に実感しました。たまに「この日本のアーティスト／楽曲が海外で人気です」とか「海外チャートに入りました」とかは耳にしますが、本当のワールドスターってこんなに力があるんだなって。

力とは端的に言えば、「物量」と「熱量」です。僕もソロで
アジアツアーやワールドツアーを経験していますし、YouTube
などで海外の人からコメントをいただくことがあります。韓国
やタイ、フィリピンなどの人気アーティストとコラボすれば、そ
の都度、世界を垣間見たような気がしていたんです。でも、
Stray Kids は文字通りケタが違う。これは本当に、この経験を
しなかったら実感できなかった貴重なものでした。

身をもって知ったK-POPの力

僕自身、ずっとK-POPシーンを見てきましたし、ある程度の
知見はあるとは思っていたんです。でも、当事者として関わっ
てみたら、想像していた以上だったし、全然違っていました。
ただの数字の大きさではないんですよ。

例えて言うなら、武道館の最後列からライブを見るのと、
実際に武道館のステージでライブをやるのは全然違うじゃな
いですか。僕は、ライブイベント「THE FIRST FINAL」で、
（オーディション「THE FIRST」に直接関わらなかった）Novel
Core にもステージに上がってもらいました。これには様々な理
由があるのですが、その1つが、彼に大きな舞台を知ってほし
かったから。Novel Core は武道館ライブを目標に掲げていま
すが、武道館ライブを目指す人に1番手っ取り早く必要なの
は、まずその規模のライブのステージを実感する経験なんで
す。それによって意識や視座も大きく変わる。そうやって、こ
れまで自分が経験として得て実践してきたことを、今回の
『JUST BREATHE』の経験を通じて、改めてまた自分の身を
もって知った感じがあります。つまり、目指している「世界」
を知るために、「世界」を実感できた。自分の中でそれほど大

きな転換がありました。

これまでの経験を基盤にし、SKY-HIは今回得た経験をそこに加え、重ねることで、現在進行形で自身の感覚をさらに大きな確信へと変えている。

今進んでいる道への確信も

　率直に言えば、今のK-POPとの距離はすごく感じました。日本のアーティストの海外進出と、既に海外進出をしているK-POPアーティストって、こんなに距離があるんだなと。ただ、やっとその距離を実感として知ることができた思いもあって。

　僕自身がアイドルをやりながらラッパーとして活動するなかで、ライブなどの現場での周囲からのリアクションに対して、ラッパーの人から「（SKY-HIが）芸能人とは知ってたけど、やっぱり芸能人なんだって実感した」と言われた経験があったんです。僕は身1つで現場に行くし、自分ではあまり芸能人っぽくないと思ってるので、言われたほうとしては実感としてつかみづらいのですが、周りからの目線がそうさせてくれないこともある。今回はその拡大版みたいな感覚なのかもしれないなと思いました。その延長線上で僕は、「世界ではK-POPってこんなにも違うんだね」って思ったし、「STAYって数字以上にすごいんだな」を含めて実感できた感覚があります。

　K-POPやK-POPアーティストたちに対する認識もこれまで以上にすごく改まったし、同時に、改まったからこそ、あくまでそれは日本と韓国がリーチできている世界の差であって、やっているのは同じ人間だということも改めて感じました。今回であれば、3RACHAと個々の人間として向き合う経験ができ

143

たからこそ、僕らは僕らで、これからも1つひとつに対して心を尽くして進んでいくことが大切だなと。

3RACHAの3人はバンチャンが24歳、チャンビンが22歳、ハンが21歳（以上、当時）。世代としてはBE:FIRSTの年長組とほぼ同世代だ。今後BMSGが「世界に打って出る」ことは、3RACHAのような才能のある若者と同じ土俵に立つことになる。もちろん、21年にオーディションを経て結成したBE:FIRSTと、短くない練習生生活を経て18年にデビューしたStray Kidsとではステージが違う。しかし、グローバル市場においては、そこは同じ「ボーイズグループ」として平等に見られる。その意味で改めて現実の課題を目の当たりにすることはあったのか。

ポジティブに頑張ることが大事

BE:FIRSTのプレデビュー曲『Shining One』のMV（ミュージックビデオ）再生回数は現在2500万以上、ストリーミング5000万回超えで日本ではヒット作となっていますが、Stray KidsなどのトップクラスのK-POPアーティストは億単位が最低ライン。当然ながら、僕らとの距離の違いは強く感じました。でも一方で、安心した部分もあるんです。それは、自分が思っているBE:FIRSTが次のステップに行くための課題克服は、やっぱり必要なものなんだなと確信できたことです。

現時点で距離があるのは、ステージが違うから仕方ないことだと思います。でも、日本という国の中で高い評価や数字を得ていることを僕らは誇っていいし、Stray KidsやK-POPアーティストとは、また違う道筋を歩むと思うんです。その先にもっと大きなフィールドがあることも確信できます。いつかの未来に海外でStray KidsとBE:FIRSTとの対バンのステージがあっ

たとしても、お互いにかっこよくパフォーマンスをできる姿は思い浮かべられます。決して競うわけではなく、お互いの個性を尊重して、僕らは僕らでポジティブに頑張ることが大事なんじゃないかな。そういう意味では、今、僕自身がBE:FIRSTに対して「いいグループだなあ」と思う部分を突き詰めていくだけなんでしょうね。

「海外に届ける」ことへの課題は?

日本でメジャーデビューして半年に満たないグループにこれを聞くのは時期尚早かもしれない。しかし、SKY-HIが「身をもって世界を体感した」という今、BE:FIRSTのグローバル展開、つまり現段階で「海外に届ける」ことにどんな体感を得ているのか。そこには、想定していなかった難しさもあるようだ。

　BE:FIRSTのスキルや実力といった部分とは切り離して、「海外に届ける」ことへの難しさは今、正直、頭を悩ませている部分ではあります。実際に海外の方々とお話ししていると、こちらの想像以上に日本が「エンタテインメント後進国」と思われているなと感じます。現状を考えると、当然と言えば当然なんですが。東南アジアであれ欧米であれ、韓国のコンテンツがこれだけあふれているなかで、「今、日本で人気の〜」の冠があったとしても大きく評価されるものではないんだなと。

　当初は "アジアに届けて世界中に" と考えていましたが、そのアジアが難しい。K-POPを見慣れているから、ちょっとやそっとクオリティーが高いくらいでは驚いてもらえない。そもそもの予算感も、それに触れているクリエーターの数も、まだまだ追いつけませんしね。アニメやマンガを通して日本に対してポ

ジティブなイメージを持ってくれる人も少なくないし、好意的ではある。ただ、「好意的」が伝わるからこそ、日本の「歌って踊る」グループに対するそもそもの期待値の低さがかえって見えてくるというか。

　逆に欧米市場であれば、韓国だろうが日本だろうが、タイだろうがフィリピンだろうが、そこはひとまとめに「アジア発」として比較的フラットに見てもらえたりするんです。ただそこにも壁はあって、簡単にはアーティスト自身のファンにはなってくれない。やっぱり継続的に見せ続ける動線が必要です。その意味では、やっぱりアジアのほうが、継続的に見せる動線が浮かぶんですよね……。

　じゃあ、どう道を拓いていくか。まぐれ当たりのような1曲で大ヒットを生み出せたら楽かもしれないけど、そんな偶然に身を任せるわけにもいきません。だから、地道に地道に、焦らず急いで手を尽くしているという感じですね。現段階でも進めている話はありますが、楽そうな話に安易に飛びつくよりも、自分たちが考える方向、志向する方向を着実に続けていく。今はそれが必要なことだと考えています。

30

BE:FIRSTの可能性のストック、
意識的に増やしていく

いよいよ今春、BE:FIRSTが2ndシングル『Bye-Good-Bye』をリリースする。収録曲のうちの『Brave Generation』は2022年1月31日に配信が始まり、iTunes総合ソングランキングなど、各種音楽チャートで20冠を達成。同日公開したリリックビデオのYouTube再生回数は186万回にのぼる（2月20日現在）。プロデューサーKMの歪んだギターリフとシンセ音が印象的なオルタナティブなトラックで、サウンドはロッキッシュで疾走感にあふれる。プレデビュー曲『Shining One』ともデビュー曲『Gifted.』とも違う彼らの新しい一面を見せ、メンバーの歌にまだ見ぬ可能性の奥の深さを感じさせた。

続いて2月8日、リード曲の『Bye-Good-Bye』が、情報番組『ZIP!』（日テレ系）の朝ドラ『サヨウナラのその前に』の主題歌に決定したことを発表。ドラマは3月1日から31日まで全23回にわたって放送され、毎朝約8分のドラマのたびに、彼らの曲が流れることになる。朝のドラマにふさわしい「前向きなさよならソング」で、春らしいパステルの衣装に身を包んだBE:FIRSTの新ビジュアルも公開された。

これまでオーディション「THE FIRST」からBE:FIRSTのデビュー曲『Gifted.』まで、楽曲リリースを戦略的に展開してきたが、今回の2ndでは何に重点を置き、何を試すのか。

　BE:FIRSTで何がしたいか、これについては（オーディション

中のオリジナル課題曲)『Be Free』『Move On』、(プレデビュー
曲の)『Shining One』、(デビュー曲の)『Gifted.』の、頭文字
BMSGの4曲が彼らのカラーとして求めたいもの。それを見
せるのは『Gifted.』のタイトルにピリオドを付けたように、いっ
たん完成しています。

　BE:FIRSTで絶対やらなくてはいけないこととして、誰が歌
っているか分からないものにはしたくない。それを避け、さら
には楽曲のクオリティーを上げるためにも、これまでも割と
「当て書き」で作ってきました。例えば『Gifted.』だったら、
歌い出しをRYUHEIにして空気感を出そうとか。それは今回
も継続していますし、より戦略的に作っています。

　2ndシングルから今後リリースするアルバムまでは、サビで
立つメンバーやそこでの目立ち方が毎回違うとか、歌割りにし
ても特定のメンバーが大胆に目立つようなものを作っていきた
いなと考えています。それができると、今後のライブの可能性
が大きく広がるんです。例えば、2時間のライブが長く感じる
のは、同じような楽曲が続くとき。一方で、3時間の映画でも
予想もつかないストーリー展開であれば短く感じるときがあり
ます。後者のような音楽ライブを作りたく、2ndシングルはそ
の準備でもある。だから、楽曲によって目立つメンバーも違っ
ていれば、楽曲のカラーも違う。楽曲ごとに大きく違っている
からこそ、ライブでも様々な展開の可能性が広がる。その可
能性のストックを、今後は意識的に増やしていきたいと思って
います。

チャートアクションへの挑戦

『Gifted.』のリリースの際は、短期集中的な動きが、Billboardチャート上でのポイントアップに大きく貢献した。11月1日にMV（ミュージックビデオ）を公開し、翌々日の3日に楽曲リリース。MVを直前に公開することで、リスナーのアクションをその週に集中できた。しかし、『Bye‐Good‐Bye』の場合、CDリリースより1カ月以上前にMVが公開される。これまで様々なメディアでCDを"積む"行為によるチャートハックに対して否定的な意見を口にしてきたSKY-HIだが、それにしても前回の『Gifted.』での1位デビューを考えると、かなりの"賭け"に出た印象を持つ。

　今回の2ndシングルは、リリースの仕方や情報公開の仕方、チャートアクションを含めて実験的なことを試す機会にもなるかと思います。

　3月に『Bye‐Good‐Bye』が世に出るから、CD発売のタイミングではMVもありません。ただ、3月いっぱいはその曲が世に流れ続けます。チャートアクションなどに関係なく、はやっている状況になるのが3月の目標。目標というか、そうなったらいいなと思っています。確かにチャートだけを考えるとあまりポジティブではありませんが、うまくいけば2月（の『Brave Generation』）から4月まで、BE:FIRSTの楽曲がチャートインし続ける状況にはなるのかなと。

　今回の実験で検証したいことは、ストレートに言って「曲が良ければ売れるというのは本当か」です。

とはいえ、すでに小さくない熱狂的なファンダムを持つBE:FIRSTにとって「売れる」ことはさほど難しくないように感じる。また、熱狂的なファンダ

ムは、ともすればクオリティーに対しても盲目的に評価してしまう側面もある。「曲が良ければ〜」の前提は、BE:FIRSTの場合、すでに測りにくい状況にあるのではないかと、率直な疑問を投げかけてみた。

　チャート1位を目指すこともももちろん大事ですが、そのためにチャートのシステムに則ることのみを正解とするのは危険でもあるので、作品や彼ら自身にとって最もいいタイミングでのリリースを心掛けないといけない。今回は楽曲を分けてリリースするので、そのたびにチャートインのチャンスはあるかもしれない。でも、やっぱりまとまったタイミングで同時に動くほうがチャートアクションには絶対有利に働きますよね。チャート指標を考えたときに、今の時代にそぐわない方法にはなる。そのそぐわない方法をとったときに、どういった社会的影響を起こすのかは見てみたいなと思っています。

　曲には絶対的な自信を持っているんです。だからこそ、たとえ順位が良くなくても気にならない。でも、ストリーミングやMVの再生回数は、策を講じずとも伸び続けています。なぜかと言うと、きっと多くの人に気に入ってもらえる、いい曲だから。それこそ先ほど言った「曲が良ければ売れるというのは本当か」ですね。

　『Shining One』と『Gifted.』は2曲とも非常に"濃い"曲でした。次のシングルは音数はもっと少なく、さらにリリース時期も春なので、印象として軽やかなものにしたいなと。テーマが「さよなら」なのは、この曲を最初に披露した「THE FIRST FINAL」の際に、「バイバイ」をきちんと歌にしたかったからです。前向きな意味で「THE FIRST」をきちんと終わらせることが必要だったし、それを彼らや僕がMCで説明するより

は、曲で表現したほうがいいなと考えました。それで、明るく
軽やかな「バイバイ」の1曲を作ったんです。3月だから卒業
シーズンでもあるし、『ZIP!』のドラマ主題歌というタイアップ
ともとてもうまくハマりました。

　タイアップの話をいただいたときには、制作も進んでいて、
この曲が2ndのリード曲になることは決まっていた。そういう
意味では、タイミングも完璧な“渡りに船”ならぬ、“渡りにタ
イアップ”でした。今回は、歌やパフォーマンス、曲調に
『Gifted.』のときのような背伸びもないので、安心して世に出
せる1曲ですし。

　とはいえ、もちろん『Bye - Good - Bye』も他の2曲（『Brave
Generation』『Betrayal Game』）も、サウンド的な挑戦はありま
すし、簡単な曲ではないです。レコーディングや振り入れなどで
はメンバーそれぞれにポジティブな意味での壁はありました。
冒頭に話したような「当て書き」もその1つですが、皆さんに
納得してもらえる内容になっているんじゃないかと思います。
楽曲ごとに明確に“立つ”人がいて、「この人にはこのくらい
のキーで、こんなメロディーでこんな内容を歌ってもらえると良
さが出る」を全面的に生かしていますから。そういう作業をし
ているうちに、プロデューサーとしての自分の、本当の意味で
の力量に対しても自信を付けつつある段階です。「絶対この
人がここを歌ったほうがいい」がことごとく当たって、「レコー
ディングしてめっちゃ良かった！最高！」が続いた結果の1枚に
なったので。

ダンスを海外のクルーに依頼した理由

『Bye‐Good‐Bye』のコレオグラフィ（振り付け）は、今回も『Gifted.』の有働（真帆）くんのように、世界トップクラスの方にお願いしました。ノルウェーのクルー「Quick Style（※1）」です。

なぜ海外で活躍する人にお願いするかというと、シンプルにクオリティーが高いから。もちろん、日本にも優れたコレオグラファー（振付師）はたくさんいますが、楽曲のイメージに一番合う方が海外の方なら、海外の方にお願いします。

確かに、世界トップのコレオグラファーはギャランティーも高額です。K‐POPの予算感と同じくらいで、日本の通常のグループの4〜5倍、あるいは10倍近いこともある。それでもお願いするだけの価値が十分あるんです。そういった1つひとつに対し、クオリティーを追求するだけの予算を掛けられているのは、本当に昨年のクラウドファンディング（※2）で皆さんにご協力いただいたおかげです。

ただ、コレオグラフィーは映像で納品できますが、MVはリモートで撮影するにはいきません。コロナ禍の今、海外から招聘するような状況でもないですね。もちろん現段階でも日本の素晴らしいクリエーターの方々と良いものは作れていますが、いつか状況が変わればここも別の策を立てていくかもしれません。

※1　BTS『血、汗、涙』『Boy With Luv』やNCT127の『Kick It』などで知られるダンスクルー
※2　21年9月・10月にSKY-HI率いるBMSGはクラウドファンディングを実施。開始から35分で目標額の1億円を達成し、最終的に4.5億円を集めた

人を育てる　# 根付かせるべき感覚
身の丈に「合う」と「以上」を繰り返す

観客を「人」として
リアルに認識する感覚の大切さ

BMSGは「ライブ」という実経験に対して、非常にどん欲に見える。BE:
FIRSTは、2021年のプレデビューからメジャーデビューの間に「SUPER
SONIC 2021」(ZOZOマリンスタジアム)を皮切りに、「MTV LIVE MATCH」
(ぴあアリーナMM)、さらにはデビュー2日後の「バズリズム LIVE 2021」
(横浜アリーナ)と、オープニングアクトとして出演。デビュー翌日には単独
ワンマン(立川ステージガーデン)を決行し、その後、初のファンミーティン
グを全国5都市のZeppで開催。BMSG所属アーティストも、それぞれに
ライブハウス、ホール、アリーナと規模の違う会場でのパフォーマンスを
経験している。ライブには場数が重要だ。だが、それ以上のSKY-HIのラ
イブへの考え方が透けて見える。

「身の丈に合うステージ」と「身の丈以上のステージ」

　ライブに対する考えという意味では、自分がプレーヤーとし
てこれまで様々な経験をしてきたことは確実にあるでしょうね。
その中で自分の経験で大きかったのは、いきなりアリーナやドー
ムクラスのライブを経験すると、観客の方を「人」としてリア
ルに認識できる感覚が欠けてしまうことでした。

　最初の経験として大事なのは、「身の丈に合うステージ」の
感覚を段階的に根付かせることかなと思いますし、「身の丈
に合うステージ」と「身の丈以上のステージ」を繰り返してい
くことが一番成長につながると思っています。前者は自分たち

を目当てに集まってくれるファンの前に小規模な会場でも立つ
ことだし、後者は観客が大人数で自分たちにとってアウェーの
ステージに、これまでの自分たちの経験とスキルだけを担保
に立たせることです。この場合、僕が立つステージに連れて
行くケースも含まれます。

　たとえて言うなら、源泉かけ流しで50度の温泉は誰でも
「熱い」って分かるし、体が冷え切った状態で42度のお湯に
浸かったら、やっぱり「熱い」んですよ。「熱い（無理!）」で
はなくそれが一体何度くらいなのかを感じられるのが「身の丈
に合うステージ」。温かい温度を温度として認識できる、つま
り人を人として認識できるサイズ感ですよね。そのサイズ感で
まずワンマンライブやファンミーティングをやる――BE:FIRST
の初動として、これは成功したと考えています。

できるだけその土地のご飯を食べて

ファンミーティングでは名古屋、札幌、福岡、大阪、東京のZeppを巡った。

　各都市のファンに直接出会い、コミュニケーションを取
り……。自分たちがどんな人に応援されていて、どんな人に
声を伝えるべきなのかを具体的にイメージできるのは、今後
においてもとても大事な部分です。さらにメンバーやスタッフ
にお願いしたのが、「できるだけその土地のご飯を食べてね」
ということでした。その土地の人に会い、土地のご飯を食べ
ることで、理解も深まる。本当は日頃、BE:FIRSTのメンバー
には美容と健康のためにラーメン禁止と言っているんですが、
福岡公演の日だけは、OKを出しました（笑）。そうやって各地
の皆さんとコミュニケーションを取った後に、1月末に「THE

FIRST FINAL」(ぴあアリーナMM)でアリーナを経験することで、「アリーナサイズの人たちが自分たちを支えてくれている」ことを実感できたんじゃないかと思います。

ここまでのライブ経験は、プレデビュー以降、急ピッチだったと思います。僕自身、その土壌を可能な限り早く作った感覚はありますし、それが間に合っているかいないかは、まだ分かりません。でもがむしゃらにライブの場数を踏めばいいものではない。プレデビュー以降、幸いなことに彼らには世間の注目が集まっている状態でした。そこからどうステージを踏んでいけば、1番いい形で最初のツアーに行けるか。そこを考えています。

Huluで配信中の『BE:FIRST Gifted Days』では、アウェーでのライブや初のワンマンライブ、全国でのファンミーティング、そして「THE FIRST FINAL」での裏側が見られるが、そこで印象的だったのはBE:FIRSTのメンバーが、ライブやファンミーティングを少しでもいいものにしたいと積極的に自身の考えを口にする姿だった。一方で、「THE FIRST FINAL」の後、SKY-HIはライブそのものへの満足を示しつつ、「今後の課題が明確になった」とも話す。

BE:FIRSTをはじめBMSG所属のすべてのアーティストが、何事にも怖気づくことなく自分の意見を発せられる、その空気感はとても大切なものだと考えています。ただ、これからも踏むべき場数がまだまだたくさんあります。本当に山積みです。そこに対して焦ってはいませんが、急いではいるところですね。

32

円滑な組織　# スタッフを育てる
労働環境の課題

芸能の世界には
「スターマネジャー」が必要

2022年4月10日、SKY-HIはTwitterでBMSGの求人募集を告知した。4月15日現在、1万2000件以上の「いいね」が付き、3000件以上のRTが付く大きな反響を呼んでいる。SKY-HIが20年9月に設立し、SKY-HIとNovel Coreの2人だったマネジメント／レーベルは、オーディションプロジェクト「THE FIRST」を経て、急拡大した。現在所属アーティストは4人と1組、デビュー前のトレーニーは4人になった。今回の求人募集はそのまま「リソースの確保」でもある一方、スタートアップとしての「成長への意志」も感じる。そこにあるSKY-HIの意図とは？

BMSGの求人への考え

恐らく「経営者が人材募集をする」ことに関しては、特別なことではないですよね。反響の大きさは、自分が経営者のなかでも認知度が高いこと、僕自身がアーティストや芸能人としての側面があるからだけだと思います。その結果、非常に多くの方にエントリーいただいている状況です。

以前、『スッキリ』（日テレ系）で「新社員のオーディションをします！」とお話ししたのですが、それを実現するには、まずは会社の組織形態を整えないと、と考えました。

今、BMSGのスタッフは20名弱です。この人数は、芸能

事務所としては少なくないほうなんです。中堅事務所でも社員3〜5人というところがざらにあります。そんな中で新興のBMSGが20数人抱えていることに対して、「効率が悪いんじゃないか?」などの意見もいただくのですが、一方でベンチャー企業の経営者に売り上げや経営規模を伝えて話すと、「今がまさに、もっと人的リソースを増やすタイミングだ」と言われることが多いです。

芸能の世界の人的課題

今、働いてくれている人たちは精鋭ぞろい。それにもかかわらず、BMSGとしての成長曲線に比すると、やっぱりリソース的に十分ではない。僕がこれからやりたいことを実現しようとしたら、今の社員をさらに圧迫することになってしまいます。それを考えると、日本の芸能事務所はかなり無理をして運営しているように思います。

僕らBMSGも、現在ですらかなり社員に対して無理強いをしている部分があると思うのですが、やっぱりこのまま人的リソースやそこに伴う人件費をケチって進めるわけにはいかないんです。

今回、募集がかけられたポジションは、「人事ジェネラリスト／HRジェネラリスト」「アーティストマネジャー職」「クリエイティブ　デスク」「運用／広報／HP運営」の経験者。特に興味を引いたのは、アーティストマネジャー職、経験5年以上という条件だった。我々媒体側と接する機会の多いマネジャーだが、一般にはその業務を正確には把握されていないように思われる。一般企業での「マネジャー」の肩書きは、部署やプロジェクトに対し、ある種の権限を持つ一方で、責任も求められる立場だ。しかし、芸

能の現場でのマネジャーは、今なお「付き人」に近いイメージを持たれているようにも感じる。しかし、SKY-HIは、芸能のマネジャー職への底上げ、さらには今後の芸能事務所のあり方も変えたいという強い意志を持っていた。

　これはBMSGもまだ課題としてあるし、日本の芸能界全体の課題だとも思うんですが、マネジャーを育成する期間も、そのノウハウもないのは、本当に良くないなと。マネジャーとしていきなり現場に入った人が誰かに教わることのないままマネジャーをし、その経験年数が増えたまま、キャリアのある人間として後輩に何かを教えていく。そういうケースが少なくないように思うんです。もちろん、きちんとノウハウを継承している事務所もありますし、それは素晴らしいなと思うんですが、その経験やノウハウを体系化しているケースは少ない気がしています。だからと言って、現在の専門学校で芸能マネジメントを学んで即戦力として通用するものではない。「うぶごえ」の岡田（一男）さん（※1）らとは10年前くらいから「何かそういう仕組みを一緒に作りたいよね」という話はしてるんです。マネジャーを育成する機関を作れば、現場の環境も変わる。その10年前当時、僕は自分に付いてくれたマネジャーに「こういうことをやるといいんだよ」って……まさしく育成をしていました。

外から見た芸能マネジャーの地位は

　実際にアーティストとしては、マネジャーに諸々を調整してもらうだけでも助かるんです。他社からの要望とアーティストやプロデューサー、双方の意向を聞いて調整するだけでも大変な役割をお願いしていると思います。でも、それは一般企業でもある程度のキャリアのある方が持つべき、あるいは持ち得

るスキルのような気もしているんですよね。

　一方で、アーティストのマネジャー職の場合、マネジャーが
OKを出せばアーティストとしてもOKを出していると思われる
し、逆にマネジャーがNGを出せばアーティストとしてもNGだ
ったと思われると思うんです。アーティストは表に出る仕事だ
から肉体的にも精神的にも負荷が高い。その人たちの代わり
にマネジャーが判断を請け負っている部分が大きいんです。
けれども現実的には、アーティストの意志への理解が足りなか
ったりすることで、アーティスト側との齟齬（そご）が生まれて
しまうことが少なくないと感じます。それとは別に、現場より川
上では、的外れなアーティストのブランディングが討論されて
いたりする。結果、勝手なブランディングから現場、アーティ
ストまでの流れがちぐはぐになってしまうことは、経験上感じ
た部分です。

　ただ、繰り返しになりますが、外の方との調整というものは
必要でいて、素晴らしいスキルなんです。それなのに、外か
ら見て芸能マネジャーの地位が高く思われていない……そう
なった背景というのがあって、例えば創作物で描かれる芸能
マネジャーとか。前時代でいう「付き人」＝芸能マネジャーみ
たいな。

　だからこそ、僕は「スターマネジャー」の必要性を感じてい
るんです。日本でスクーター・ブラウン（※2）のようなマネジ
ャーが出てこないのは損失だなあって。マネジャーとしての実
績で名を上げて、さらにマネジャー自身に仕事が来るような人
を作りたい。

　日本では優秀なスタッフの方の多くは、表に出ることを避ける印象があります。それは美徳でもある一方、もったいない面もある。僕は「隗（かい）より始めよ」とばかりに、僕についてくれた木村くんという優秀な現場マネジャーをSNSなどでも紹介し、キャラクターを立ててきたことがありますが、その学びは多かったです。マネジャーが1人の人間として認知されることで、一緒にお仕事する他社の方との話も、「あの木村さんですよね」から入ることが増え、いわゆる形式的なアイドリングトークがいらない。アーティストだけでなくマネジャーのことも知ってくださっているから、様々な話が非常にスムーズに進むし、他社さんとマネジメント側、アーティスト側での認識の齟齬も少なく進むことが多かったんです。だから僕が思い描いている、これからの「スターマネジャー」のプロジェクトも、そういった知見を生かしてうまくいくはずだと思っています。

　もう1つ言えば、「スターマネジャー」が脚光を浴びることで、今後優秀な方が「芸能マネジャーになってみたい」と目指してくれることにも期待しています。例えば、小室哲哉さんがシンセサイザーを手に世に出てきたのを見た若き日のKREVAさんが音楽機材を買ってみた結果、スーパーアーティストになった。同じような現象が、マネジャー界でも生まれてくると思うんです。藤田晋さんや前田裕二さんが起業したのを見て、自分も起業したいと思う若い世代が出てくるとか。極めて優秀で、かつ人としても素敵なマネジャーが前に立つことで、何をやっても優秀であるような方が芸能マネジャーを目指してくれる状況を作りたいという気持ちはすごくありますね。

「自分もやってみたい」っていう思いを

ただ、芸能のマネジャー職は、時間だけでも、一般企業とは違う側面が大きい。

　特に現場マネジャーは、時間的な拘束が大きいですよね。そこは恐らく、自分自身がプレーヤーのつもりでないとできないとは思います。僕も例えば、1週間のうちに朝6時からテレビ収録をする日もあれば、明け方まで仕事が続く日もある。僕も、マネジャーにはその時間、僕についてこないで寝ててほしいなって思いますし。それでも「自分ごと」に捉えられる優秀なマネジャーこそ現場に付くことを望む。

　そうした複雑な事柄が絡み合っているのが今の芸能のマネジャー職ですが、そこには解決できる課題もあると思うんです。その1歩となり得るのが「スターマネジャー」の誕生のような気がしているんですよね。だからスタッフオーディションをやりたいんです。

　例えば視聴率が0.5%だったとしても、それで70万〜80万人の方が見てくださったり、YouTubeで3万人が10回再生して合計30万回あったりとか、それだけの視聴者の方にエンゲージメントが深くリーチできればうれしいです。

　少しでも興味を持ってくれて、「これだったら自分もやってみたいな」とか思ってくれる人がいればいい。今活躍しているアーティストだって、幼いときの「自分もやってみたい」っていう思いが、この世界を目指すスタートだった人が少なくないように思うんですよ。ピアノを弾いている人、ギターを弾いている

人を見て。

　僕はそういう発信をしていくことが、エンタテインメントの労働環境の改善や業界そのものの発展につながることだと確信しています。千里の道も一歩から。何かを変えたいからといって、素っ裸で日本刀を持って切り込んでもかなわないし、まずは服を着て（笑）、鎧を身に着けないと。その1歩が、今回の求人募集であり、BMSGをきちんと経営することなんです。

※1　「うぶごえ」はBMSGのクラウドファンディングを展開したプラットフォームで、社長の岡田氏とSKY-HIは岡田氏のエイベックス時代からの旧知の仲。
※2　スクーター・ブラウンは、ジャスティン・ビーバーやアリアナ・グランデ、カニエ・ウェストなどのマネジャーを務めた人物。米TIME誌の「TIME 100」にも選出され、『ビルボード』誌の表紙も飾ったほどの影響の強い、まさに"スターマネジャー"。

33

\# 円滑な組織運営　\# スタッフ選考のポイント
\# 社内コミュニケーションを高める

求人エントリーから見えた
「BMSGへの適性」

2022年4月にTwitterでBMSGの求人募集を告知したSKY-HI。Twitter
の特性上、瞬時にしてファンからの多大な反響が寄せられた。BE:FIRST
を生んだオーディションプロジェクト「THE FIRST」以降は特に、CEOで
あるSKY-HIが何を目指してBMSGを立ち上げ、今後どんなビジョンを描
いているのかについては、ファンに共有されている。求人の場面でも、
社としてのビジョンを明確に示していることは大きなメリットに違いない。

一方で、ビビッドなビジョンを掲げて急成長する企業だからこそ、熱狂的
なファンも多い。果たして熱狂的なファンは優秀なスタッフになり得るの
か。その2つを分けるものがあるとしたら、果たして何なのか。前回、求
人募集に至った背景や求める人材について詳しく語ってもらったが、本
記事ではそれに先んじて気になることを聞いてみた。

　端的に言えば、「当事者意識」と「責任感」だと考えてい
ます。そもそも芸能の世界でマネジャーをされている方は、10
代・20代でファナティックに「誰かのファンだった」経験のあ
る方が多いと思うんです。でもきちんと職務に責任感を持って
いて、かつ優秀な方であれば大歓迎です。僕自身、（大ファン
の）YUKIさんのマネジャーをやれと言われても、節度を持っ
て行動できると思いますし。ただ、最初はファンだって言って
面倒だと思われたら嫌だなとか思って、ファンだって言わない
ようにするかもしれませんけど（笑）。担当アーティストに対する

当事者意識と責任を持って仕事してくれるのであれば何の問題もないと思っています。当然ゼロに近いまれなケースでもあると認識していますが。

　ただ、それまでファンとして捉えているアーティスト像が、アーティスト自身が本来持つ人格とは異なる場合はあるかもしれません。そういった場合にジョインされても、双方にとって幸福ではないですよね。それは今後、厳しい書類審査をくぐり抜けて面接していけば分かる部分です。

インタビューは求人募集のほんの数日後。この時点で、応募総数はかなりのものだったと聞いている。膨大なデジタルデータから、まず選ぶポイントはどこにあるのか。

履歴書の中でコミュニケーションが取れているか

　実際に目を通して感じたのは、文章の「改行」や「句読点」で、与えられる印象が大きく変わるということです。目にする側、相手の想像力や配慮。それは、どのセクションにおいても重視すべき点なのかなと思いました。僕自身「ご高配賜りたく」のようなビジネス上での敬語に精通していないけれども、そういった定型文以上に、改行や句読点の位置で文章が読みやすい、履歴書の中でもコミュニケーションが取れている方のほうが好印象を受けたんです。

　特に今の時代はエントリーシートもデジタルデータですし、普段の仕事のコミュニケーションも、社内外問わず、インターネットを介して行う部分が大きいと思います。ならば、文字面でのコミュニケーションが円滑な方のほうがいいですよね。

お互いを人と人として尊重し合える関係が重要だなと本当に感じます。何か1つのことを決める場合でも意見が割れることは往々にしてあるじゃないですか。例えばAさんは右45度の意見を出したけれども、その一方で、Bさんが左35度を主張するみたいな。でも様々な事情を鑑みて、右25度に収めたりすることが仕事の現場ではよく起こります。その時に、35度を主張したBさんに対して「Bさんが言うなら、35度にもこんな意図があったに違いない」と捉えられるかどうか。相手の人間性の理解が仕事の環境に効いてくると思うし、そこは絶対に必要な部分だと思います。

　その社内の人間関係を作るのに役立ったのが、「ランチミーティング」です。これは、こじはる（小嶋陽菜）さんの方法から学んだことなんですけれど、ランチにディナーも加えた社員、スタッフ同士の食事を推奨したうえで、お金を会社で負担しました。それが功を奏して社員同士の理解が深まり、距離も縮まった。いいやり方は外側からもどんどん取り入れていこうと思っています。もちろん自分のところに取り入れても、うまくいかないこともあるでしょうけど、組織マネジメントにおいては人の数だけケースが違うとも思うので、トライ＆エラーを繰り返すしかないかなと前向きに割り切っています。

34

\# 人を育てる　 \#「新人」のうちにするべき経験
\# 言葉を届ける重要性

重要なライブMC、
「新人」BE:FIRSTに求めることは

2022年4月30日、ロックフェス「VIVA LA ROCK 2022」に初出演した
BE:FIRST。オーディエンスはほぼロックファンで、ダンス＆ボーカルグル
ープは完全に外様。そんなアウェーの場に、SKY-HIは7人を送り込んだ。

　BE:FIRSTが「新人」としてステージに上がれるのは、本当
にもう今年だけ。だからこそ、彼らに新人としてやれる最大級
の経験をさせてあげたいと考えました。でも、「新人だから失
敗しても許される」とはちょっと違います。こと日本では、初々
しいパフォーマンスや未熟さをめでる空気感もありますが、僕
はそれに対して否定的ではあるんです。「VIVA LA ROCK」
でも彼らはパフォーマンスで失敗はしていません。それでもア
ウェーの大舞台に立つ緊張感や初々しさは横並びで7人立っ
てMCをしたときに出てきてしまう。強いて言えば、そこでの
初々しさこそが新人ならではあり、そこが許されるのが今だか
らこそと考えました。

　この経験は、彼らの今後に大きい影響を与えると思います。
今後、様々な舞台を経験すればするほど、その価値もどんど
ん高くなっていくんじゃないかな。

　音楽フェスはコロナ禍下で停滞しましたが、今後、V字回
復するのは間違いないし、さらに言えば揺り戻しによって、コ

ロナ前よりもどかんと支持される可能性が極めて高い。僕自身、フェスに多く出るアーティストでもありますが、フェスの持つ「エモさ」との相性がよく、出演するたびお客さんに伝わっている手応えを感じています。それは彼らにとっても同じことで、今後フェス文化が国内で爆発的に強くなるなか、「BE:FIRSTが新人であのステージに立った」という意味はどんどんストーリーとしてのエモさを増していくでしょう。

人を動かすMCができるか

GYAO!で配信中の『BE:FIRST Road to VIVA LA ROCK 2022』の中でSKY-HIが彼らに与えた課題の1つが、「MCでオーディエンスの心をつかむ」ことだった。登場から3曲をパフォーマンスした後に、マイクを握ったのはSOTA。「デビュー前はいち音楽ファンとして音楽を学びにフェスへ足を運んだり、アーティストさんの新曲をすごい心待ちにしていたり、みなさんと同じ気持ちで過ごしてました。だからこそ今分かることは、こうやって音楽を楽しむ瞬間、共有する瞬間に、ステージの上も下も大も小も関係ないと思います。そう思いませんか」「こんなたくさんの仲間の前で今いれることをうれしく思います。そしてこの広い音楽という世界で、この7人にしか届けられない音楽を残りの30分届けていきたいと思います。受け取れるか、VIVA LA ROCK!!」。音楽を愛する者にとっては、たとえ彼らのことを知らなくても胸の奥まで熱く響く完璧なMCだった。

SKY-HI自身のライブでもMCは極めて重要なファクターで、常に心を大きく揺さぶる力強い言葉を繰り広げる。言葉／MCに強くこだわる理由は何なのか。

　ライブの良さって、もちろん「歌がうまかったね」「ダンスが良かったね」はありますが、それだけをお客さんに持って帰っ

てもらってはダメだと思うんです。これからも応援したいと思っていただくためには、人の心を動かすMCは本当に大事だと思っています。

　彼らが今後、人の心を動かすMCが常にできるようになるには、今はとにかく「インタビューの面白いアーティストになる」がまず1歩目かなと思っています。今年、アーティストとしての自分と向き合わざるを得ないロックカルチャー誌のインタビューをいくつも受けていますが、それもいい経験になるんじゃないかな。取材後にも聞かれたことや答えた言葉を反すうし、自分で自分にインタビューしたりしながら、さらに思考を深め、また次のMCで発露する。その繰り返しが今の彼らには大事な気がしていますし、脳の構築につながると思っています。

　自分は経験上、すべてのことは現場で学べると思っているんです。現場を通してやっていきたいし、そのバッファーと余裕はメンバー同士の関係値がいいことに基づいています。課題を都度与えてそれをクリアしてもらうフローを1年くらい続ければ、中身もしっかりしたアーティストになれると思います。今年はライブツアーも予定していますが、本質的な魅力を持つアーティストに成長したうえでツアーを回れれば、ビジネス的な成功以上に彼らにとって長く強く軸となるようなものが育つと思っています。

35

BE:FIRSTワンマンで求めた
「自分発」の言葉

前回、BE:FIRST にとってアウェーである「VIVA LA ROCK 2022」の話から、MCをなぜ重視するのか語ってくれたSKY-HI。今回は、BE:FIRST の過去の出演ライブやファンミーティングの MC を振り返りながら、さらなる課題を聞いた。

　BE:FIRST にデビュー前から伝えているのが、安易に「いじる」「いじられる」でトークを成り立たせるのは絶対禁止ということです。そのうえで当たり障りのないことではなくしっかりした自分たちの言葉を発信してほしいし、たとえ自分たちに興味のなかった人に対しても言葉で「刺す」。ロックフェスでこれができるようになれば、ワンマンライブではもっと感情の言語化が楽になるし、それができた後、またさらにフェスに強くなる。すべては「階段」ですよね。いろいろなライブに出て場数を経験するのは大事ですが、闇雲に経験すればいいわけでもないので、その都度都度 MC の課題も違います。

　BE:FIRST の場合、最初のワンマン（デビュー2日後に開催した20年11月5日の「"FIRST" One Man Show -We All Gifted.-」）での MC の課題は、ステージに上がれたことに舞い上がらないで、会場に来てくれた人と目を合わせ、それぞれが人格を持つ「人」であることを想像し、その人々が幸せな気持ちで帰路につくところまで想像することでした。

次のファンミーティング（全国5都市で開催した「-Hello My "BESTY"- 2021」）では、絶対に台本を暗記するような形ではなく、ちゃんと真面目にいいことを言うことを全公演についてお願いしました。ファンの方々がBE:FIRSTとのコミュニケーションを求めているファンミーティングは、ある程度皆さんに温かく受け止めていただける場ではあります。それでも、例えば最後のMCを内輪でわちゃわちゃしてから最後の曲にいくのではなく、ちょっと時間が掛かってしまってもいいから、自分の言葉で来てくれた方の心に刺さるいいことを言ってくださいと。ただ、それを7人にやってもらったらべらぼうに時間が掛かりました（笑）。「VIVA LA ROCK 2022」のようなロックフェスではそこに時間を掛けるわけにはいかないから、やっぱり短い言葉でそれをやらなくちゃいけなかったわけです。

ライブで感じた「良くない方向」

「VIVA LA ROCK」の6日前の21年4月24日には、2ndワンマンライブ「"Bye-Good-Bye" One-day One Man Show」もあった。4月中旬時点でSKY-HIは、ファンミツアーとロックフェスの間にあるこのライブの"立ち位置"を「ただの通過点にしたくないけれども、非常に難しい」と明かしていた。「ファンミや冠番組（『BE:FIRST TV』日テレ系）が始まったところで親しみやすさが出ているけれども、2ndワンマンの翌日には『Betrayal Game』のMV（ミュージックビデオ）の公開も控えているので。こちら側の課題がクリエーティビティーやクオリティーの担保だとすると、彼らの課題は"気高さ"かなと思います」。

実際に2ndワンマンは、オープニングの『Betrayal Game』での登場シーンから、思わず感嘆の声が漏れてしまうような気高さであり、多彩な楽曲ごとに異なる色を見せるパフォーマンスにも圧倒され、たった半年くらい

前にデビューしたことを忘れてしまうほどだった。

しかし、SKY-HIは昼の部が終わった時点で、ある明確な問題点を感じていたという。

　MCですね。気高さをテーマにしながらも、7人が横一列に並んでしゃべるMCパートでは、どうしても初々しさが目についたのと、良くも悪くも作用する「慣れ」が良くない方向に出ちゃっているなと感じました。もちろんリラックスして内側の仲の良さが出ていたのはとても素敵でした。でも、具体的に言うと、彼らは「会場に来てくださった方々のおかげ」と素直に感じて言葉にしたのでしょうが、それがありきたりの言葉で途中までみんな似てしまっていたんです。本当は自分がそう感じているのなら、「皆さんのおかげである」ことを自分の中でもっと深く掘り下げて自分の言葉にすべきだと思うんです。だから昼の部が終わったあとに「夜は気をつけてね」と。

　夜のMCは、全員の個性が出てすごく良かったと思いました。特にRYUHEIが。「BESTY（BE:FIRSTのファンネーム）の皆さんもすごく個性的で」みたいなことを言って会場に笑いが起き、そこから皆さんがなぜ個性的かを熱弁して（笑）。でも最終的にはメッセージ性が感じられるものでした。彼は、個の人間としてそれぞれの人生があり、それぞれの趣味嗜好もあるけれども、そうした皆さんが集まっている場所が美しいっていうことを言ってくれていたと思うんですよ、たぶん。今後に夢が広がるMCでしたね。

　こうしてワンマンライブやファンミーティングツアー、ロックフェスなどの場を経験したことは今後にも大きく生きてくると思い

ます。特にロックフェスでの短い言葉で強いメッセージを放つ
経験は、近いところではワンマンツアーに確実に生きてくると
思います。端的に胸に深く刺さる言葉を観客の皆さんに渡し
て、各公演を締められるようになるといいですね。

CD発売前にデジタルで
全曲リリースした本当の狙い

2022年5月18日に2ndシングル『Bye-Good-Bye』をリリースしたBE:
FIRST。5月25日公開のBillboard JAPANの総合ソング・チャート「HOT
100」では米津玄師に次ぐ2位につけ、全指標が3位以内というバランス
のいい好成績を残した。

シングル『Bye-Good-Bye』の収録曲は3曲。1月31日に『Brave Gene
ration』、3月7日に『Bye-Good-Bye』、4月25日に『Betrayal Game』
と、すべての収録曲がCDリリースに先駆けてデジタル配信済み。その間
に、『Bye-Good-Bye』のMV（ミュージックビデオ）は再生回数2000万回
を突破し、オリコンのデジタルランキングでは、通算4作目の2部門同時
1位を獲得する史上初の記録を達成（※）。この3カ月半、様々な数字的な
結果を残してCDリリースに至っている。

以前、「今回はリリースや情報公開の仕方、チャートアクションを含めて
実験的なことを試す機会」と語っていたSKY-HIに、今回の一連の活動を
振り返ってもらった。なおインタビューは、CDリリース前の5月上旬に行
った。

　とにかく「すべてにおいて完璧だったな」と手応えを感じて
います。

　CDリリースまでに収録曲を出していったのは、アルバムリリ

ース前にヒットを連発していく海外アーティストのスタイルを取り入れてみたかったからです。アーティストの存在を認知させるために1番必要なのは、世の中にリリースし続けていくこと。BE:FIRSTの場合は「THE FIRST FINAL」以降、オーディション時のイメージを更新し、新しい層にリーチするためにも立て続けに作品を出すことが必須だと考えていましたが、決して突飛な方法ではありません。海外でも、当初はヒップホップから始まり、今ではポップミュージック全般に広がった方法です。

　なぜそのスタイルがポピュラーかというと、DSP（Digital Service Provider／デジタル音楽配信事業者）のプレイリストに入れるためです。とにかく多くのプレイリストに入り、リスナーを増やす道を広げたい。それには、存在感を増すためにも、頻繁にリリースすることが大事なんです。

　K-POPの"カムバ"（カムバック／新曲を発表して活動を再開すること）も、そこで一気に存在感を高める意味では近いところがあると思うし、どちらのやり方も学ぶところがあるなと考えていました。

　さらにもう1つ理由があります。これは日本のCD偏重型の音楽ビジネスのデメリットだと思うのですが、シングル収録曲のうち1曲だけが"リード曲"とされ、チャートに反映されるのはその曲だけというケースがほとんど。でも、デジタルが広がった今、それは前時代的な捉え方ですし、クリエーションにいい影響を及ぼさないなと強く感じていました。その中で、今回はすべての収録曲にタイアップやキャンペーンなどを付けることで、さらに外にリーチできるチャンスにもなれた。これにより

日本のボーイズグループではオーソドックスではないデジタルの単曲リリースにもアリバイを付けられ、レーベルを含めてチームとしてそこに踏み切ることができました。

　ただ、これってアーティストにとっては特別なことではないんです。CD偏重になりがちなボーイズグループやアイドルだから特殊なケースに見えるだけであって。

「アーティストとして至極真っ当なこと」としながらも、こうした動きがもたらした贈り物もいろいろあった。

　大きなプレゼントの1つが、SpotifyやApple Music、Amazon Musicなど、DSP周りの方々が、BE:FIRSTの動きを音楽的な面で評価してくれたことです。DSPにとっても定期的にヒットアイテムを出せるようなアーティストと判断できたならピックアップするのは普通だと思うのですが、デビュー間もないアーティストに対して各社が軒並み応援体制を作ってくれたのはありえないことだと思うので、各社様やチームの担当にも深く感謝しています。Amazon Musicでは、次世代アーティストが出演するライブイベント「BREAKTHROUGH JAPAN Live」の第1回アーティストに（BMSG所属の）edhiii boiが選ばれるという波及効果もありました。

今後に好影響を与える成果

　実はここまでは「プレイリストに乗せてもらう」ことに苦労していました。（「THE FIRST」オーディション中に配信リリースした）『Be Free』『Move On』の頃は、各種チャートにランクインしたにもかかわらずプレイリスト入りは果たせなかったし、プレデ

ビュー曲の『Shining One』では数字的な結果をもってしても、プレイリスト入りの難しさを強く感じたんです。音楽業界各所には、固定のファンに支えられたボーイズグループは、すぐに数字が落ちる、そして何より音楽的価値が高くないという先入観があったのは確かだと思います。

とにかく今回の一連の活動で、日本の音楽の発信地であるDSP各社をはじめ、音楽関係者や音楽メディアに対して、BE:FIRSTという名前と存在感を強く意識させることに成功し、優れたアーティストとして認知してもらうことができた。これはたぶん、日本のアイドル、ボーイズグループがこれまでなし得なかったことだと自負しています。さらに、DSP各社ともメジャーデビューから半年しないうちに本当にいいリレーションシップを構築できた。今後、それがいい影響を強く与えてくれるに違いない。そこが今回の1番の実績です。

それに伴って各種チャートで1位を取ったり、史上初を記録したりといった効果もありましたが、それはあくまでも「副次的な成果」と捉えています。

SKY-HIは一貫してCD偏重の音楽業界・音楽メディアに警鐘を鳴らし続けながら、一方で、CDではファンに喜んでもらえるような特典も用意する。その理由は終始明確なのだが、デビューシングル『Gifted.』では、その両輪の施策に戸惑うファンの姿も見られた。しかし、全曲デジタル配信済みの今回の『Bye-Good-Bye』の場合は、よりストレートに"コアファン向け"であるCDの立ち位置が示されたように思う。

『Bye-Good-Bye』がYouTube再生回数2000万回を突破したのは、5月15日。CDリリース直前です。このタイミングで

CDを"グッズ"として出せたのは、すごく美しいことだと思うんですよね。楽曲だけを聴きたい人はわざわざCDを買う必要もない。でも、グッズとして持っておきたいファン心理を満たすだけのアートワーク、クリエーション、ビジュアル、そこに紐付く各種の特典……すべて素晴らしいものができていると思います。今、事務所に全ショップの特典がそろってるんですけど、僕自身も「いいな!」「集めたいな!」って純粋に思ったし。

　そういうことも含めて、収録曲すべてがBillboardのトップ10にランクインしながら、理想的なCD販売の仕方ができた。CDのセールスに依存するのではないけれども、かと言って、CDの価値を毀損することもないっていうのは、本当に美しい形だと思います。

1stアルバムまでの流れに自信

プレイリストの後押しに加え、音楽フェス「VIVA LA ROCK 2022」への出演や音楽番組への出演のたびに、Spotifyの登録者数も大きく伸びた。

　地上波やフェスに出ればなんでもかんでも増えるわけでもないし、そこでインパクトを残せるからこそ増えるんだと思います。でも自分も含めて、増えるときは一気に増えるのが面白いですよね。しかもSpotifyの場合は、ユニークユーザーの数字が出るから、1人が何回も再生した数字ではない。いい意味で純粋な指標でもありますよね。

　例えば100万人のユニークリスナーがいるのに、ライブに100人しか来ないこともあり得ますが、現在のBE:FIRSTはそういう状況ではありません。一方で、ファンが多いのは素敵

だけど、ファンしか聴かない音楽になってしまうのは文化的には貧しいこと。だから、ファンがたくさんいることとファン以外にも好まれる楽曲を世に出すことの両輪で進むのが大切な気がします。

今回、BE:FIRST は、ボーイズグループやアイドルに対する世間の偏見や色眼鏡を払拭する、新たな1歩を踏み出したように思える。「VIVA LA ROCK 2022」のMCで、彼らが自身を「ボーイバンド」と称したことも、その表明の1つと感じたが……。

　これは単に、彼らは「アイドル」なのか「アーティスト」なのかとカテゴライズする論争がいつも起きているのが面倒だったこともあります。そんなものは呼びたいように好きに呼べばいいし、本当にどうでもいい（笑）。だったら自称するときは普通に英語で「ボーイバンド」って言えばよくない？って。そうすれば議論を巻き起こす余地もない。……と思ったのですが、やはりこれでもまた新しい議論が生まれていたらしいんです。なんと呼ばれても我々がやるべきことや作るべきものは変わらないので、本当にカテゴライズの論争はくだらない話だとしか思いませんが、まぁ（BMSGの）代表としては「本当にどうでもいいので、あなたが呼びやすい呼び方で呼んでください」と言い続けていくしかないんでしょうね。

　これもこの連載でも何度も言ってきたことですが、僕らの第1優先は、今後もいい音楽を作っていい音楽を届けること。その一方で、CDでは、物を手元に置きたい人の所有欲やコレクション欲を満たせるだけの特典やアートワークなどにこだわっていきたいなと思っています。

　今後もこのようなリリースの方法を取るかは分かりませんが、近いうちにまた新しい楽曲をお届けできると思います。次の曲はものすごくいいですよ! どの新曲にも言っていますが、本当にいい。(今、構想している) 1stアルバムまでの流れは本当にすべてに自信があります。自信は絶対的にあるんですが、それでも毎回怖いですよね。

※注　オリコンのデジタルランキングは、「デジタルシングル (単曲) ランキング」「デジタルアルバムランキング」「ストリーミングランキング」の3部門。うち「デジタルシングル (単曲) ランキング」「ストリーミングランキング」で2冠を通算4作(『Shining One』『Gifted.』『Bye-Good-Bye』『Betrayal Game』)で達成したのは史上初。

37 # 変革へのアプローチ # スタッフの意識改革
大きな企業との接し方

コミュニケーションの積み重ねが
「革命」につながる

2022年4月から放送されていたBE:FIRSTの地上波初冠番組『BE:FIRST
TV』（日テレ系）が7月2日で最終回を迎える（日テレプラスでのオリジナル版
は7月3日）。『スッキリ』（日テレ系）で毎週「THE FIRST」のオーディション
の模様を放送していた頃から、「テレビ離れが進んでいるとはいうけれど
も、無料のコンテンツが毎日放送され、何百万人もが見ているメディア」
として、その強さを語っていたSKY-HIだが、実際にBE:FIRSTの冠番組を
通して改めて感じたことも少なくなかったようだ。今回は全13回を振り返
って感じたことを聞いてみた。

　『BE:FIRST TV』をやって良かったことはいっぱいあります
し、悩ましかったこともありました。地上波にコンテンツが載る
ということはとてもありがたく、認知を広げることにつながりま
した。繰り返しになりますがBE:FIRSTには「イジる／イジら
れる」を禁止しているので、その点ではどういう状態を切り取
られても視聴者の方々を不快にさせることもなかったと思いま
す。毎回、パフォーマンスを披露する時間ももらえたし、そう
いった意味ではとてもポジティブでした。

　日テレさんとは「THE FIRST」からのお付き合いなので、
僕がやっていること・やろうとしていることに対して理解してい
ただき、尊重もしてくださっていると感じます。ただやっぱり民
放テレビ局の立場では、番組での音楽をはじめコンテンツそ

のものだけでなく、数字（視聴率）も追求しないといけない。それらを両立させる難しさは感じました。

　僕らとしてはやりたいことを全然やれなかったわけではないし、司会を俳優の佐藤隆太さんにお願いしたいという望みもかなえてくれましたし、1番やりたくなかったことはやらないようにしてもらえました。ただ30年前にCDで最盛期を迎えた音楽業界同様に、大きな業界が変わることの難しさを感じた部分もありました。

「気がついたら自然に変わっていた」が理想

　僕は今の芸能界や音楽業界は根本から変わっていくべきだと考えてBMSGを立ち上げましたが、最近思うのは革命みたいなものって、起こそうと思ってある日を境に一変するわけではなくて、気がついたら自然に変わっていたというものなのかもなと。これまでもなんとなくそう感じていたけれど、その確信が強くなったというか。

　僕は、YouTubeがあるからテレビを否定したり、配信時代だからとメジャーレーベルにアレルギーを示したり……そういった「今まで」と「それ以外」をぱつんと分けて動くのは、「革命」から一番遠い行為だと思っているんです。

　BMSGはテレビ局やレコード会社を含めて大きな会社と一緒にお仕事をすることもありますが、その際に、自分たちが守るべきところをきちんと守って、出したいと思っているところを最大限出しながら、徐々に変わっていくことが革命につながるのかなと考えています。

その業界が変われなかったり変わらなかったりする原因は、誰か1人やどこか1社が悪いわけではないですよね。だからこそみんなで一緒にちゃんと結果を出しながら、より良いものを考えていくことが必要です。その道中で関わる人が増えたり、大きな会社になってきたりすると、意識のズレも生まれるでしょうが、丁寧に伝えてズレを解消していく。それを繰り返すことで変わっていき、気がついたら革命と呼ばれていた、となると思うんです。

BMSGとエイベックスの共同音楽レーベル「B-ME」でも、BE:FIRSTのプレデビュー曲『Shining One』(21年8月)の頃と今では、エイベックスの方々のBMSGやBE:FIRSTへの意識は大きく変わりました。当初は長年培ってきた「売るためのスキーム」を外れているとなかなか理解されにくかったのですが、今は「この方法はBE:FIRST ／ BMSGにふさわしくない」と考えてくれるし、こちらの想定以上の提案をいただくことも増えています。

こうしたポジティブなコミュニケーションを積み重ねていった末に、ある日気づいたら業界が変わっていた。そんな革命を起こしたいと考えています。

38

TikTokで他グループをカバー、
感じていたシンパシー

2022年7月11日、BE:FIRSTのSOTA、MANATO、RYUHEIの3人は"ヤンチャトリオ"と称して、King & Princeの4thアルバムのリード曲『ichiban』を使ったTikTokのハッシュタグチャレンジに参戦した。ダンスカバー動画の再生回数は1日で300万を突破、7月20日現在、その数は550万回を超えている。なぜ『ichiban』をカバーしたのか。そこにはバズに乗るのでなく、同じボーイズグループとしてのリスペクトがあった。はたから見ていたSKY-HIに、この裏話を教えてもらった。

　『ichiban』が世にリリースされたとき、SOTAらが「（King & Princeの）平野紫耀くんがすごくダンスが好きなのが伝わってくるし、『こういうのをやりたい』をすごく明確に形にしているように思う。その姿勢にシンパシーを感じるしすごくリスペクトしている」「とにかくすごいし、かっこいい！」と盛んに言っていたんです。楽屋や現場でも『ichiban』を流して聴いていたこともありましたし、ダンスカバーをしてみたいと言っていて。ちょっと時間が空いたときにTikTok用の動画を撮ったようです。

　BE:FIRSTのメンバーが『ichiban』を通して、King & Princeにシンパシーを感じたのと同じように、自分自身、（ジャニーズ事務所副社長／ジャニーズアイランド社長の）滝沢（秀明）さんが取っている方向性に強いシンパシーを感じることがあります。滝沢さんが何をやりたいのかがよく分かるときがあるというか。

　例えば1つ挙げると、Snow Manさんがデビュー間もないときからハイブランド系に強くアプローチしていましたよね。こうした一歩が、今後のアーティストのブランディングとして非常に生きてくるし、その一歩で衣装やスポンサー契約を間違えるとその影響からリカバリーするのはかなり難しい。そうした一歩一歩をよく考えられているなと思います。プロデューサーとしても自分のほうが全然後輩で、実績も違うのに何を偉そうに、という発言ですが(笑)。

　『BE:FIRST TV』でINIさんとBE:FIRSTでお互いのデビュー曲である『Rocketeer』『Gifted.』をカバーし合ったのもそうですし、テレビの外でもお互いにお互いの曲を「かっこいい!」とリスペクトし合っているような状況が見えていくのは、インパクトもさることながら本当にいいことしかないなって思うんです。

　もちろん特定のボーイズグループが好きな人にとって推しグループこそが一番でしょうし、単発のそういったアクションだけでファンの方の美意識や価値観をひっくり返すようなことにまでは至りません。だからこそ、お互いの根幹の場所を揺るがすことなくユナイトできる。そうしたインパクトと姿勢を見せて誰にとってもプラスにしかならない機会をつくることが、近い将来の目標の1つでもあります。様々な事務所が特有の個性を見せながら切磋琢磨していくことが良い意味で競争や個性のあるブランディングを生み、結果として各事務所やそこが生み出すエンタテインメントに対して好循環をもたらす、というのは韓国が証明していることの1つだと思います。

39

\# ヒットを生むプロデュース　\# 危機感から生まれたもの
\# 海外アーティストとの共作

ジョナス・ブルーとのコラボは
どう生まれたのか

突如発表されて世間を驚かせたジョナス・ブルーの『Don't Wake Me Up feat. BE:FIRST』。2022年初頭に始まったジョナスのコラボレーションプロジェクト『Together』の第1弾リミックス作品であり、BE:FIRSTにとっては初の海外アーティストとのコラボ曲となった。

7月13日に配信が始まったこの曲は、各チャートで1位を獲得。Billboard JAPAN Hot Overseasチャートでは1位、ダウンロードチャートでは3位にランクインした。7月23日時点でBE:FIRSTのSpotifyマンスリーリスナーは配信開始日比で25万人近く増加、ダンスミュージック系を中心に欧州やアジアのプレイリストにも多数入っていることは、新たな層へのアプローチも感じさせる。このビッグなコラボレーション案件は、いかにして生まれたのか?

　BMSGは、設立時から分かりやすいステートメントを掲げ、以降も様々なメディアを通して既存のビジネスモデルやクリエーティブの低下に異を唱え続けてきました。「既存の大手事務所やレーベルに疎ましがられるのでは」とよく聞かれるのですが、以前もお話ししたように、実際にはその逆でした。音楽業界に同じ危機感を持っていたり、僕の活動を応援してくださったり、「何か一緒にできたら」と言ってくださる方も少なくありません。

185

　レディー・ガガの元担当で、今は執行役員を務めるユニバーサル ミュージック ジャパンの井口（昌弥）さんも、BMSG 設立時のステートメントを出した段階からフィール（共感）してくださったお1人です。そこから仕事とは関係なく井口さんとのお付き合いが始まりました。今では BMSG の Aile The Shota や edhiii boi がユニバーサル系列の Virgin Music Label & Artist Services さんにお世話になっています。今回のコラボレーションは、井口さんと自分との関係性の延長線上でお声がけいただいたお話でした。

『Don't Wake Me Up』のオリジナルは、ジョナス・ブルーと米国のボーイズグループである Why Don't We とのコラボ楽曲。日本の音楽シーンの嗜好にも合うポップなダンスチューンは、BE:FIRST の個性ともよく合っている。そこには SKY-HI が目指すダンス＆ボーカルグループへのこだわりもある。

　BE:FIRST ができる前から僕は、「ダンス＆ボーカルグループにしては歌とダンスにしっかり注力してます」ではなく、「歌とダンスこそが武器のダンス＆ボーカルグループができます」とアピールしていたんです。まだグループが形になっていないのにおかしな話なのですが（笑）、そこに絶対需要があると考えていました。たまたま空席だったそこで BE:FIRST に白羽の矢が立ち、今回のコラボレーションにつながったわけです。

　また、原曲の歌唱およびライティングで参加している Why Don't We のラインや響きに対して最大限リスペクトを示すことも徹底しました。日本語詩、音節や押韻、響きなどからアドリブのラインまで、スタッフ、メンバー含めて全員で強く意識していました。

　くしくも楽曲の発表のタイミングで彼らの活動休止がアナウンスされたのは本当に辛いことですし、（Why Don't Weの）ファンの方々の中には素直に受け入れられないこともきっとあると思いますが、僕たちにできることは彼らや彼らが生み出したもの、そしてその足跡にリスペクトを示し続けることだけですので、「この楽曲を通して……」とか「意志を継いで……」というようなことを言うつもりはありません。ただ、心おきなく音楽をやる Why Don't We を見たいですし、いつかポジティブな気持ちでお会いできる日が来ることを祈り、待ち続けています。

40

新曲『Scream』MVを
監督複数体制で撮影した理由

BE:FIRST の 1st アルバム『BE:1』の発売（2022年8月31日）に先駆けて、7月25日にリード曲『Scream』を配信開始、MV（ミュージックビデオ）も公開された。MVの再生回数は8月2日現在で450万回を超え、SKY-HIはTwitterで「Scream は1億再生、大真面目に目指してるよ」と発信した。

　『Scream』をリード曲にしたのは、楽曲、MV、コレオグラフィーなどすべてにおいて分かりやすくてかっこいい。つまりキャッチーだからです。

　実は『Bye-Good-Bye』の一連の活動の中で『Betrayal Game』のリリースを繰り上げたりといったプランの調整がありました。『Bye-Good-Bye』に手応えがあったので、次に分かりやすいダンス曲を出すのがバランスとしていいかなと考えたからです。

　僕は「分かりやすくかっこいい」ことをサービスって呼んでいるんです。個人的な趣味としては、カニエ・ウェストのように毎回こちらを完全に裏切ってくるようなリリースが好みではありますが、K-POPのようにほぼ毎回「分かりやすくかっこいい」ことも素晴らしいと思っています。とにかく『Scream』は、「分かりやすくかっこいい」点と我々の志向するものの意思表示として、今リリースする曲にふさわしい曲だと思います。

　コレオ（振り付け）は s**t kingz の kazuki にお願いしました。『Scream』にはマイケル（・ジャクソン）性を入れたかったので、ここはマイケルを尊敬してやまない kazuki しかいないでしょう。（起用が）バッチリハマりました。

「複数人監督体制」の必然性

　MVは、過去圧倒的に最大級の規模の予算になりました。たぶん日本国内で2022年1番予算が掛かっている MV の1つでしょう。他のボーイズグループの所属事務所やレーベルの方々、例えば（Stray Kids の 3RACHA と SKY-HI とのコラボで）一緒にお仕事をした Epic JYP さん、（JO1やINIを擁する）LAPONE エンタテインメント社長のチェさん、一緒に仕事はしたことないけれども HYBE LABELS JAPAN 社長のイ・ミョンハクさんなどとお話をしたり、ご飯を食べたりしながら情報や意見の交換をさせていただくことがあるのですが、そういった日々の中で日本の MV の予算の不適切な少なさや使い方の未熟さ、クリエーティブへの意識の欠如……などは、自分の中で問題意識から解決可能な課題へと変わっていき、ビジネス面での成功も手伝って、今回国内最大規模の予算を組み込むこととその適切な使い方に臨めました。stu をはじめとする制作クルーにも本当に感謝しています。

　国内一予算とクオリティーの高いダンス＆ボーカルの MV を撮影できるチームができたのは、『Betrayal Game』の MV の経験が大きいです。『Betrayal Game』でのトライ＆エラーやそこで得た知見が、『Scream』では完全に生かされています。

　スタッフは『Betrayal Game』とだいたい似ているのですが、

今回は初めて監督を複数人体制、制作チームも同時に複数走らせました。『Betrayal Game』の時は監督自体はお1人ですが、ダンスを撮影するのが得意な方に撮影に入ってもらったりして、完成イメージに対して柔軟にスタッフの体制を変えていきました。「パンがないなら小麦畑を作っちゃえ」というスタイルですね（笑）。

　その後「K-POPのMVもそんな感じらしい」となり、LE SSERAFIMの『FEARLESS』のMVなどを我々なりに解析してみたんです。すると、クレジットにも複数の撮影監督の名前があり、おそらくそれぞれの得意を生かしたシーンを撮影しているようだなと。日本のMVにはめったにいないカラリスト（映像のトーンや色合いを調整し、質感や色を決める役割）も複数人クレジットされている。

　ただ日本では、（MV制作に携われる）クリエーティブ・ディレクターやカラリストの人材が圧倒的に不足しています。その人材を増やすことが急務だけれども、どうしたら増やせるものか……社会課題のような気がしています。日本には優れたファッションデザイナーも多いし、センスのいい方もたくさんいる。適性の高い方がカラークリエーションを勉強したら、世界有数のカラリストになれる可能性もひょっとしたらあるかもしれません。そういう職業をしっかりつくっていきたいと考えています。

　MVをご覧いただければ、「複数人監督体制」である必然性とクオリティーに大きく納得していただけると思いますし、予算を掛けた作品であることも分かりやすいと思います。当然、BE:FIRSTの歌とダンスのクオリティーも高いので、意志が示せる、衝撃が起こせるのではないかと期待しています。

41

＃ 人を育てる　＃ ビジネス＜アーティストの成長
＃ ツアーが育む結束力とキャパシティー

ツアーで成長する
フィジカルとマインド

BE:FIRST は 2022 年 8 月 31 日にリリースする 1st アルバム『BE:1』を引っ
提げて、9 月 23 日から初の全国ホールツアー『BE:FIRST 1st One Man
Tour "BE:1" 2022–2023（仮）』(17 都市 25 公演) をスタートする。夏には
「ROCK IN JAPAN FESTIVAL 2022」(8 月 12 日)、「SUMMER SONIC
2022」(8 月 20・21 日) などのフェスに出演、さらに「BMSG FES '22」
(9 月 17 日・18 日) も控え、ツアーの際には多くの経験を積んでひと皮むけ
た BE:FIRST に会えるに違いない。彼らの次なるステップとなる 1st アルバ
ムと 1st ツアーを、SKY-HI はどう位置づけているのだろうか。

　僕には BE:FIRST がドームツアーを実現するまでの導線が
明確にあって、そのために「やりたいこと」と「やらなくては
ならないこと」があると考えています。今の段階で「やらなく
てはならないこと」となる 1 つがホールツアー。具体的には、
2000 人から 3000 人規模での公演を同じ内容でたくさん繰り
返すことです。

　ツアーをビジネスマターで捉えればアリーナ規模以上の公
演は利益率が高いし、応援してくれるたくさんのファンのため
に大きな箱を用意することも WIN-WIN に見えるけれど、そこ
にはアーティストの成長という視点が抜け落ちている。今それ
をやってしまうと、人間的なキャパシティーを含めた彼らの足
元が固まらないまま、アーティストとして大きくなってしまう。図

形で例えるなら、フラフラとアンバランスな逆四角すいのような形になりかねない。僕らマネジメントやプロデュース側の人間が努力すべきことは、極力縦長の直方体で成長させることだと思っています。

　ホール規模のメリットの1つは、繰り返しになりますが、お客さんの1人ひとりを「人」として認識できるから。また、日本全国を周る経験もとても大事なことなんです。各地のBESTY（BE:FIRSTのファンネーム）のもとに足を運んで、どんな土地でどんな方々が応援してくれているのかをきちんと実感してほしいです。

演出に頼らない技術力を

　演出面で言えば、ホール規模では彼ら自身のフィジカルが必要になるのも大きなメリットです。純粋に歌やダンスの技術が必要になる。アリーナやドーム規模の公演になると、派手な演出も入るし、お客さんがビジョンを見ている時間も長くなりますよね。そういった環境下では、パフォーマンスに多少粗があっても成り立ってしまう。経験値が浅く技術が伴っていなくても、外的要因でお化粧できてしまって、公演としては成功しちゃうんです。アーティストとして最初の段階でそれをやってしまうと、自分が足りない部分を伸ばすことに意識が及ばなくなってしまうのは良くないです。

　何千人もに肉眼で常に見られていると意識することで、パフォーマンスやMCなどすべてにおいて大きく変わると思います。それをしっかり経たうえでアリーナ、さらにはドームへと進めば数万人規模でも人に届けられるようになる。次に「VIVA

LA ROCK」のような大きな場に出たときも、慣れた光景として見せ方も変わってくる。そうやってアーティストとしての規模感を大きくしていくべきだと自分は思います。

さらに、同じ公演を20回以上繰り返すから、毎公演を検証して次につなげることもできる。うまくできなかったことを改善するだけでなく、慣れてきたら「ここをこういうふうにやってみよう」「今日はここを意識してみよう」にトライしてほしい。自分の経験からも、そんな2〜3カ月があるのは本当に成長につながると感じます。

例えば、普段のレッスンでもコマ数をやるだけではなく、何ができなかったか、何ができるようになったか、こういう方法で効果があった、などを意識しながら反復することが成長につながるなという実感があります。最近自分ができているかというと反省しなくちゃかもですが。ほら、RHYMESTERも言ってるじゃないですか。「常に研究　常に練習　知恵を結集し君をレスキュー」(RHYMESTER『K.U.F.U.』が続くが以下略)。まさにそれです。

人生の喜びを増してくれたホールツアー

続けて、SKY-HIは「全国どこにでも2000人程度収容の、音楽が鳴らせるホールがあるのは、本当に日本のいいところ」と語る。BE:FIRSTが数カ月間各地を周り、各地を知る経験をすることで、結束力を強め、人間的なキャパシティーを育てることにも期待する。

僕もここ十数年、日本全国のライブハウスやホールを年2回くらい周るようなツアーを続けていますが、そこで感じることは

今なおものすごく多いんです。いまだに「日本にはこんな所が
あったのか！」と驚くことが絶えませんし、概念としての日本で
はなく、土地としての日本を好きになることがたくさんあります。
彼らもそういった「想像の余地」を作る経験をいっぱいしてほ
しい。興行というのは、本来そうでなくてはいけないと思って
います。

　それに加えて、僕にとっては人生に対する喜びも格段に増
やしてくれた。僕はソロではありますが、それでもバンドやダ
ンサーだけでなくツアースタッフといった一緒にツアーを周る
仲間たちと、中日に東尋坊に足を伸ばしてみたり、森に行っ
たり海に行ったり橋に行ったり温泉に入ったり……そういった
喜びを仲間と共有する経験が内側の結束力を強くするし、
BE:FIRSTもそういう集団であってほしい。仲間ともっといい
景色が見たいという夢が膨らむし、ちょっとしんどいなと感じ
た時期にそれがなかったら、僕は多分ここまでやれてなかっ
た気がするんです。

　彼らもこの段階でホールツアーを数カ月間みんなで周れば、
アーティストとしても人間としても大きく成長する。それができ
れば、向こう5年間安泰じゃないかな。そう信じられるくらい
大事なものだと思っています。

彼らにとって今後の大きな糧となるホールツアーの前には、1stアルバム
『BE:1』がリリースされる。アーティストの活動のフローとして、「ニューア
ルバムを引っ提げてツアーを周る」ことは一般的だが、これまでもあらゆ
ることに「意味のある」ものを追求してきたSKY-HIは、ここでも軸をブレ
させることなく、真摯にその意味に向き合う。

　（BE:FIRST がドームツアーを実現するまでの導線上の）「やりたいこと」と「やらなくてはならないこと」の両方に重なってくるのが、アルバム制作になるのかなと思います。ツアーを周るにはそれ相応の曲数が必要になってくる。さらに、ツアーの前に聴いてもらうフローもあったほうがいいですよね。

　アルバムに関しては、最初から最後まで一貫したコンセプトを持たせ、グループのメンバー全員の表現がその方向に向かっていく……というのもかっこいいし素敵だなと僕自身思うのですが、BE:FIRST の場合はそうではありません。

「意味のある」何かをアルバムに

　「"個"が立っている」ことは、やはり意識していきたい。個々の適性が異なっていることを尊重し、音楽性も人間性もそれぞれの方向に伸ばしていくことによって成り立っているグループにしたいから、収録曲の振れ幅はおのずと大きくなっていくと思います。アルバムとしての統一した空気感が作りづらいデメリットはあります。でも、曲の振れ幅も、曲ごとに"立つ"メンバーがころころと変わっていくのも、おそらく聴いていて楽しいものになるんじゃないかなと思っています。

ストリーミング時代に入ってから、アルバムもシングルも配信サービス上は1曲1曲がフラットに置かれ、アルバム収録曲は必ずしも「1枚を通して聴く」形態でもなくなっている。その中で、「"この時代にアルバムを出す意味"もなくてはいけない」とSKY-HI は言う。

　アルバムで新しい人にリーチすることは当然ですが、『Shining One』からBE:FIRST を応援してきてくれた人たちが「今まで

見てきたものに意味があったんだ」と感じてもらえるものにしたい。詳しくはアルバムをリリース後に……と思いますが、1曲1曲が1枚のアルバムになったときに、意味のある並び、意味のある曲だと分かるものにしたい。アートワークに凝ったり、集めたくなる特典を付けたり、所有することで楽しんでもらえること以上の何かを仕掛けてあります。

　そういった「意味あるもの」を世に出し続けることが彼ら自身のアーティストとしての奥深さにつながり、BESTYの方々にも彼らの表層的な部分だけではない楽しみを提供できるように思うので。ぜひ、期待してください。

42

\# ヒットを生むプロデュース　\# 国の問題への対応
\# 優秀な日本のインフラ

「日本はダメ」と言わず、
実現するための方策を考える

BE:FIRSTは、2022年8月31日に1stフルアルバム『BE:1』をリリース、9月23日には初のホールツアー『BE:FIRST 1st One Man Tour "BE:1" 2022−2023』が幕を開け、年明け1月までに全国17都市25公演を巡る。

前回は、SKY-HIがホールツアーで期待するBE:FIRSTのフィジカル面とメンタル面での成長などについて詳しく語ってもらったが、今回はそれに関連して出てきた音楽を取り巻く日本の環境についての話になる。

日本のエンタテインメント業界の現状を嘆く声は小さくないが、果たして本当に諦めや悲観しか残されていないのか。SKY-HIは「問題をあと付けしているだけに思う」と話す。国の問題と自分の問題を混同してはならず、自分たちは問題をシンプルに事実として捉えるべきである。その中で、自分たちがやりたいことを実現するための方策を考えればいいと言う。

　全国に2000人程度を収容する音楽を鳴らせるホールがあるのは、本当に日本のいいところだなと思うんです。地方の過疎化問題などもありますが、海外の田舎の人口密度に比べたら日本はインフラも整っているし、車がないと不便かもしれないけれども逆に車さえあればどこにでも行ける。長年ツアーで日本中を周りながら隅々までインフラが整っているのはすごいことだなあと思っていたし、だからこそ地方を細かく回れるホールツアーに夢を感じるところがあります。

「外に出ても人が歩いていないですよ」「おじいちゃんおばあちゃんばかりですよ」と言われる地域でも「10万人都市」だったりする。10万人のうちの100人に1人がライブに来てくれたら1000人が集まるわけですから、すごい話じゃないですか？ アリーナもドームも、そういういろいろな都市の人たちが来てくれて成立していくわけです。

エンタテインメントにとって高齢化は「問題」ではなく「事実」

高齢化社会ともいわれますが、それを「問題」として捉えるべきは国であって、自分のようなエンタテインメントに携わる人間はシンプルに「事実」として捉えるべきです。高齢化社会なのであれば高齢の方々にもライブへ足を運んでもらえばいいし、若い方々にもっと届けたいならインドネシアなど若年層の人口が多い国にアプローチすればいい。

以前、別の取材で対談したstu（東京・渋谷）の黒田（貴泰）さんが、韓国は国の支援があったからエンタテインメント産業が成長したとよくいわれるけれども、実は日本でも制作支援は各種用意されていると話されていました。支援が必要なところに届いていないのは国のプロモートが足りていないところもあるのかもしれませんが、支援を必要としている民間ももう少し情報をキャッチアップしたほうがいいかもしれません。韓国の民間のほうが国の支援を得ることにどん欲にやれてきていた印象はありますね。

これらはすべてにおいて言えることで、エンタテインメント業界の人間が「日本は高齢化社会だから無理だよ」「もう日本はダメだね」と諦めたり悲観的になったりしている場合ではな

いと思いますし、むしろ現状が見えていない気がします。うまくいかない状況に対し、あとから言い訳のように外的要因を挙げているだけのように思うんです。

　話をホールに戻しましょう。韓国には音楽番組がたくさんあり、テレビ用にパフォーマンスを繰り返すことでアーティストの成長にもつながっていると思いますが、日本の全国各地にホールがあること。ホールでのライブを重ねることがアーティストの成長に対して、とても大きな強みになると感じています。

43

\# 人を育てる　\# メンバーとの接し方
\# "自意識" の重要性

「全員をひいきする」ことが
今の僕の役割

2022年8月31日にBE:FIRSTが1stアルバム『BE:1』をリリースした。収録曲15曲のうち、7月25日に先行配信した『Scream』を含む8曲が新曲だ。この連載でもSKY-HIは新曲のリリースのたびに「いい曲だという自信がある」と語り、その想像を必ず超えてくることに驚いた1年だったが、完成したアルバムはかなり衝撃的な出来栄えになっている。

　1stアルバムで「やるべきこと」は明確でした。目標に置いていることは2つあって、1つは「2年後にはドームツアーをやれるようにならなくちゃいけない」こと、もう1つは「鉄が熱いうちに海外プロモーションを進めなくてはいけない」ことです。

　BE:FIRSTは幸いにもオーディション直後から一定の人気を得られました。ただ、SHUNTO（18歳／当時）やRYUHEI（15歳／当時）は、K-POPアーティストのデビュー年齢とほぼ同じ世代ですが、20歳オーバーが5人いて、そのうち3人が23〜24歳（当時）。そう考えると、現状に甘んじるわけにはいかず、時間的な余裕はない。焦ってはいませんが、急いでやらなくてはいけないことは多いと捉えています。

　もちろん今の時代、30歳を超えたらボーイズグループが成立しないわけでもありません。それでも、年齢によって人間としてのフィールドや社会での立ち位置は明確に変わってくる。

小学生なら小学生、ティーンならティーンのフィールドがあり、20代前半には20代前半のフィールドがある。同級生や親との会話の内容も変わってきますし、人生のフィールドが進んでいくなかで人間としてのフィールドを上げられていないと良くないと思う。端的に言えば、30歳になってボーイズグループとして新人として振る舞うわけにはいかない。例外はあるでしょうし、あればそれはいいことですが、あくまでも例外だと思います。

　ゼロから出てきた（アーティストの）方々が3〜4年のキャリアを積み、初のベストアルバムを出すフェーズってあるじゃないですか。ベスト盤を出すことで「その人の名前は知っていた」人々を改めてつかんで、加速し、フィールドを上げていく。BE:FIRSTは1年目ですが、注目度の高さや今後成し遂げたいことを考えると、今すでにその段階にいないといけないと思うんです。それゆえ、アルバムの全貌は、早い段階から出来ていました。

収集欲やコレクター欲も絶対に満足させたい

　実際に、『Shining One』の制作からアルバムの完成までに2年強かかっていますが、メンバーが決まってから内容を考え、構築性を上げ、アルバムとしての強度やアティチュードを猛スピードで仕上げました。ちなみに、オーディションで6人で披露した『Be Free』『Move On』は6文字、10人が参加した『Shining One』は10文字、デビュー曲『Gifted.』はメンバーの数と同じ7文字。そういった音楽面以外で楽しめたり奥深さを演出する仕掛けは1stアルバム『BE:1』にも用意しています。とにかくすべてにおいて「アルバムとしての価値」を上げ

ることに苦心しました。このご時世にCDとして買ってくれる方の収集欲やコレクター欲も絶対に満足させたいし。

最終的にBE:FIRSTとしてデビューするメンバーが決まってから収録曲のほとんどを作りましたが、振れ幅として予定していた通りのものになりました。どれも今の時代のボーイズグループとしてイケてる曲だと思いますし、そこは余計なことを考えないでシンプルに作りやすかったです。

海外へのアプローチに話を変えると、量と質と結果が必要で、それが1つの説得力になる。だから、アルバムを出さないことにはその土俵にも乗れない。ピコ太郎のように世界的にバズるものでもあれば話は別かもしれませんが、現実的にはここを狙うほうが難しい。自分は無理なことは最初から夢見ない主義です。実現不可能でないなかで夢を見るスタンスでいくと、興味を引けるアルバムを作って「このボーイバンドやばいよ!」と分かりやすい1stアルバムを作りたかった。特に『BFis...』からの『Gifted.』への流れはアティチュードの面でその真骨頂だと思います。

「振れ幅が大きい」というインパクトは、様々な意味で彼らのクオリティーの高さを分かりやすく伝えられる。「誰が聴いても聴き応えがある」ものを作ることは対海外だけでなく、そもそもこの時代にアルバムを作る以上、至上命題の1つだったと思います。

「振れ幅の大きさ」で言えば、楽曲ごとに目立つメンバーが異なることもBE:FIRSTの持つ強みを伝えてくる。

　これまで同様、あくまでも楽曲としてのクオリティー重視でパートを分けていますが、「全員が目立つように作る」ことは強く意識しています。曲を通してある人の担うパートが多いこともありますし、作っていくなかで誰かが目立つ曲がないなと思えば、別途その人が目立つ曲を作るようにしますし。なのでアルバムは、このパートを誰が歌うか想像しながら当て書きで作っている曲が多いです。『Moment』でのLEOや『Milli-Billi』でのSHUNTOは顕著で、例えば『Milli-Billi』はSHUNTOの声を最大限に生かしたくて作った曲。それぞれの個性から触発されて曲を作れることは、プロデューサーとして幸せなことですよね。アルバム制作後も特定のメンバーから着想して、すでに曲を作っています。

　とにかくアルバム1枚を見たときに、「全員が目立つ」ようにする。BE:FIRSTのメンバーに約束していたことでもあります。そういえば先日も撮影終わりにたまたまSOTA、SHUNTO、JUNON、LEOとご飯に行きましたが、「僕は『ひいきしない』んじゃなくて、『全員をひいきする』」と話しました（笑）。

　グループ活動で特定メンバーへのひいきのようなものがあると、グループへの当事者意識や責任感が強ければ強いほど嫌な思いを感じてしまう。かといって、全員均等にパートを分けたり、サビを全員のユニゾンにしたりというふうな平等という名の全体主義を取っても、グループとしてうまくいかないように思います。「クリエイティブファースト」を実現して輝くには、今の方法しかないと考えていますし、必要な声が必要なところで鳴るクリエーションは徹底できています。

ドームまでに培ってほしい「自意識」

もしかしたら今後、彼らのフェーズが上がっていくなかで、グループとしての「自意識」がさらに成長してきたら、自ずとそのマインドになるでしょうし、そこからまた別の方法も出てくるのかもしれません。ただ、今はBE:FIRSTはまだ0歳の段階なので、方向性を導くのは僕ら作る側に責任がある。「全員をひいきする」ことが担うべき役割だと思っています。

グループとして、または1人のアーティストとしての「自意識」とは何なのか。

きちんとしたフィロソフィー（哲学）があるということでしょうか。芸事やエンタテインメントにフロントマンとして携わることの責任を哲学として持っていることは、すごく大事になってくると思います。

「学」の有る無しや「品」の善し悪しなどは、個人差があっても仕方ない部分です。もちろんあるに越したことはないけれども、無礼だったり傲慢だったりしなければ常に品行方正な聖人君子でなくたっていい。それよりも、音楽やステージに対して責任感をしっかり持ち、「なぜ自分がこれをやってるのか」「自分がそれをやることが社会にどういう影響を及ぼすのか」などを自分自身できちんと意識できるようになると、すべてにおいてあまり心配がなくなってくると思っています。

すべてはそこに帰結するように思います。MCも含めたステージでの立ち居振る舞いだったり、楽曲制作の際の言葉の選び方や誰も聴いたことのないものにしたいという発想力なども、

すべてエンタテインメントにフロントマンとして携わるがゆえの責任感から生まれるものだと思います。それが身に付いた状態でドームツアーができるかそうでないかで今後が変わってきます。やらせてもらっているライブとやるべくして行うライブには雲泥の差がありますから。しっかりと浮き足立たずに進めていければ、ドームツアーがゴールには決してならず、その先へ大きく進めると考えています。

言葉にするとシンプルですが、「責任を持ちなさい」と言われても難しいですよね。今の段階で多かれ少なかれ芽生え始めていますが、その状態には個人差がある。そうした人間的な成長に関しては強要できることでもないので本人次第ではありますが、自分を含む事務所や同じ所属のアーティストが与える影響は大きいわけです。だからこそ、触れる部分では、何か良い方向に転がるように努めたいし、こっそりと神経をすり減らしている部分です（笑）。

44

\# ヒットを生むプロデュース　\# 大切なのは「案」と「韻」
\# 事務所の枠を超えたコラボ

完璧なデビュー1年目に
かなえた3つのこと

1stアルバム『BE:1』が、Billboard JAPAN「Hot Albums」で1位を獲得した BE:FIRST。2022年の夏は「FUJI ROCK FESTIVAL '22」「ROCK IN JAPAN FESTIVAL 2022」「SUMMER SONIC 2022」などのフェスのステージにも立ち、音楽専門誌の取材も数多く受け、各音楽配信サービスも彼らをピックアップし、音楽性の高いグループとしての印象が強まったのではないだろうか。BE:FIRSTのデビュー前、SKY-HIは今後について「彼らがやるべきは、いいパフォーマンスをすることに尽きる」と語っていた。デビューから1年、SKY-HIとしてはBE:FIRSTの現状をどう評価するのか。

　BE:FIRSTでやりたいことは、BMSGを立ち上げたときや「THE FIRST」を始めるときからずっと同じです。世界に通用するグループをつくりたい、そして「クオリティファースト」「クリエイティブファースト」「アーティシズムファースト」を体現したグループをつくりたい。今、それが本当に実現できていることに関して強い達成感もあるし、自分の自信にもなっています。何よりそうさせてくれたのは彼ら自身なので、やっぱり感謝の気持ちが強いです。

　それがベースにありながら、この1年目で彼らのデビュー前から考えていたことの8割くらいはかないました。例えばロックフェスに出ること、どうステップを重ねていくかという方策、DSP（デジタル音楽配信事業者）からプレイリストに入れたくなるよう

な音楽性の評価を得ること、Chaki Zulu や KM などのような日本の音楽シーンの今イケてるクリエーターとしっかりと組んだ楽曲制作、レコード会社の理解を得て予算を掛けたミュージックビデオを作ることなど。ジョナス・ブルーとのコラボレーションも、BE:FIRST のキャリアの早い段階で海外アーティストの楽曲にフィーチャリングで呼ばれたいと考えていたら、かなった。やりたかったことでできなかったことは 1 つもないです。これらはたぶんに「運」と「縁」によることも大きかったなと思います。

　でも、最初に大切なのはやっぱり「案」と「韻」なんです。「案」と「韻」に「運」と「縁」が絡まって「恩」になる。うまいことを言ったようですが(笑)、本当に「案」と「韻」と「運」と「縁」と「恩」ですね。

　「案」はアイデア。「韻」はリズムです。後者は後付けでもあるんだけど(笑)、ちゃんと意味も理屈もあって、もう少し説明すると、日本では、特にボーイバンドにおいて、楽曲のリズムに対するアプローチが弱いケースが少なくないと思います。中学生くらいから US の楽曲を中心に聴いていくと、別にメロコアだろうがヘヴィメタルだろうが R&B だろうが、ちゃんと韻は落としていくし、それが歌のリズムを作っていたことに気づくと思います。それがダンスミュージックともなれば殊更だし、メロディーより大事な要素と言っても過言ではありません。

　そこにさらにメッセージとしても強みのあったヒップホップがラップミュージックとなり世界で音楽的にも覇権を取ったのも割と自然な話だったと思うんですけど、それが日本であんまりやられていなかったので、音楽の中でリズムに対する解釈を強

めることはマストでしたし、それを怠らなかったことが、「BE:FIRST は曲がかっこいい」と言っていただけている1番の理由かなと感じています。リズムに対する貪欲さがもう桁違いですから。

1年目でのコラボはINIさんとどうしてもやりたかった

特に大きなことと捉えているのは、まずは多くのプレイリストに入ったこととロックフェスへの出演。3つ目に他のボーイバンドとのコラボレーションを挙げた。

Spotify のマンスリーリスナー数は150万人に達しました。今は少し落ちましたが、おそらく『BE:1』リリース後は、また新規で聴いてくれる人が増えるはずです。150万人という数字は国内アーティストのトップクラスだと思います。同じ人での積み上げが効かないこともあり、特にここ（マンスリーリスナー数）に弱かったダンス＆ボーカルの中で、圧倒的な数字です。今の時代で“国民的”な存在になるために必要である一方、最も難しいプロセスだったと思います。それを達成でき続けているのは、本当に今後にとっても大きなことです。こことロックフェスへの出演でBE:FIRSTが音楽業界全体にプレゼンスを示していることがまず重要でした。

僕自身もアーティストとしてプレイリストに入ることは大切にしてきましたし、その経験がフルで生かせたと思います。ただ、プレイリスト入りで何が大切かというと、単純にきちんとかっこいい曲を作って、世間にかっこいい曲だとアピールし、それでDSPに認めてもらうことでしかないし、アイドルなのかアーティストなのかとか、ボーイバンドに対する思い込みや偏見といっ

た認知を変えていくためにも、その順序（戦略よりもまずは楽曲ありき）がいいと思うんです。

それに加えて、他のボーイバンドと目に見える形でのコラボレーションができたこともよかった。ライバルはいっぱいいるけれど競合はいない、っていう考えを伝えるメッセージになったと思います。1年目でのコラボは、くしくも同日デビューのご縁があったINIさんとどうしてもやりたかったことでしたが、INIさんとBE:FIRSTの人間性のおかげですごく融和して、ポジティブなバイブスと相互に良い作用が生まれたと思います。今後も他グループとのコラボは進めたいと思っていますし、K-POP界のように音楽番組や授賞式などでグループや事務所の垣根を超えたコラボや交流を実現したいし、複数のグループが参加した番組『KINGDOM:LEGENDARY WAR』みたいな企画もすてきですよね。いつか運動会もやりたいし。

今後やりたいことはもちろんいろいろありますが、1年目はやりたいことを本当に抜かりなくできました。「THE FIRST」で得た彼らから自分への大きな信頼も裏切ることなく裏付けできたし、僕が言い続けてきたことを僕が実現できたのは彼らの力でしかないから感謝は尽きません。そういう意味で、素晴らしい1年だったのは間違いないです。

45

人を育てる # デビュー2年目にやるべきこと
ボーイバンドの宿命

BE:FIRSTにただのドームツアーは
求めない

SKY-HI は BE:FIRST の 1st アルバム『BE:1』のリリース前、「1枚を通して
BMSG および BMSG がつくるボーイズグループとしての BE:FIRST の意思
表示が確実にできた」と胸を張った。その後、『BE:1』が、Billboard
JAPAN「Hot Albums」で1位を獲得。2022年9月23日からは初の全国
ホールツアーが控える BE:FIRST は、2年目にどんなステップを歩むのか。

　2年目にやるべきこと、というよりは、2年後のドームツアー
の実現に向かってやるべきことがあると考えています。2年後
のために、2年目の段階で見えてないといけないことがある。
今回ホールツアーをやる BE:FIRST ですが、すでにアリーナツ
アーでも埋まるであろう申込数をいただいています。

　ただ、ドームツアーをしっかりやり遂げるためには、2年目
の彼らは"国民的"な存在である必要があると思います。ドー
ム公演は誰もが知っているアーティストだけが立つステージ
ではもはやなく、一部に知られている、というような方でも実
現できる時代で、それに良い悪いはもちろんないんですが、
BE:FIRST に関して思い描いているのは、その状態でのドーム
ツアーではないんです。

　一言で言えば、「ポピュラリティー」と「カルチュラリティー」
の両立がテーマなのかなと思います。ポピュラリティーを得る

活動に対して能動的であるからこそ、その正反対にあるアンダーグラウンドであったりコアであったりするものとの接触や融和なども能動的にしていきたいなとは思ってます。

　ポピュラリティーとカルチュラリティーの両立が成功すれば、来年末くらいの彼らは音楽的に説得力がありながら誰もが知る存在になれていて、その状態でアリーナツアーを大成功させて……となれば、理想的な形でドームツアーが現実のものになると思うんです。表層的な人気やバズに乗っかって実現するドームツアーではなくて、やるべくしてやるドームツアーにしないといけない。そうでなければドームツアーをやったその後が見えなくなってしまう。そのために今回ホールツアーから始めることで、彼らのアーティストとして人間としての成長の場をつくるわけですから。

ボーイバンドは人間そのものにファンが付く職業だから

なぜドームツアーを目標に掲げるのか、海外へのステップかと尋ねると「それも1つあるけれど、1番は彼らがボーイバンドだから」と返ってきた。

　作品、楽曲そのものの価値のみを追求するアーティストにとっては、数字は全く何の意味もなさないことでしょう。ある意味ではそれこそが本質的です。でも、すべてのボーイバンドに言えることだと思いますが、ボーイバンドの特徴の1つが、その人間そのものにファンが付く職業であること。だからスタートも目指す場所もその経緯も、数字を追わないタイプの、作品のみを提示していき結果は結果、というアーティストとは違うんです。

211

　ボーイバンドやアイドルグループである以上、数字面での成績っていうものは、おそらく一生涯ついて回ると思っています。その数字というのは、時代によって視聴率だったり、CDの売上枚数であったり、YouTubeの視聴回数であったりと変わってくる。それこそDSPでのリスナーの数がBE:FIRSTは本当に多いわけですが、そうした数字に関しては僕らは貪欲に増やしていこうとしなくてはいけない。なぜかと言うと、お金をかければかけるほど、影響力を得れば得るほど、できることが大きく変わってくるから。

　例えてしまえば、大切なパートナーや家族、もっと言えば自分自身のために振る舞うために料理がうまくなりたいのか、最高峰の料理を作って立派な店を構えるのか。この2つには大きな違いがありますよね。もちろんどちらがより素晴らしい、と言うこともありません。後者の場合は高額な材料費も必要だし、素晴らしい食材を手に入れるルートも必要だし、希少な食材を提供してもらえる信頼も必要になりますし、そのためにも理念や美学は貫くべきです。それこそがビジネスだと思います。ボーイバンドは本質的に後者（立派な店を構えること）のほうに近いと感じています。

　そのためにはビジネスとして大きくなっていくことが最重要課題だと思うし、その上で国内でビジネスとして1番の大きな成功は、ドームツアーなんじゃないでしょうか。

　2年後には、日本のいろんなアーティストがやってきたなかでも過去最高と言われるドームツアーを絶対にやりたいです。

46

人を育てる　# 10代との接し方
"スタートアップ"にできること

"15歳たち"には
「音楽は楽しい」経験を最重視

SKY-HI率いるBMSGには、3人の15歳が所属する。ラッパーのedhiii
boi（エディボーイ）と、トレーニーのRUI、TAIKIだ。3人は2022年夏、最
高の夏休みを過ごした。SKY-HIの全国ツアー「SKY-HI HALL TOUR
2022 -超・八面六臂-」に同行してオープニングアクトを務め、3人だけで
夏フェスにも出演。SKY-HIが15歳の3人に、このまばゆいばかりの"夏
の大冒険"の機会を与えた理由は？

7月1日に3人によるスプリットEP『15th Dream』をリリース。9月14日は
リード曲『Anytime, Anewhere』の新たなミュージックビデオ『Anytime,
Anywhere -夏休み2022 ver.-』を公開。映像には、3人がSKY-HIの全
国ツアー「SKY-HI HALL TOUR 2022 -超・八面六臂-」に同行した模様
や夏フェスでのオフショットなど、3人の最高の夏休みが詰め込まれている。

　3人のこの夏の活動は、シンプルに「成長」と「思い出づく
り」のためですね。今後1年での正式なデビューは想定して
いません。というのも、精神的な成熟を待ったほうが今後の
彼らの人生が良いものになるだろうと思うからです。RUIと
TAIKIは中学生で義務教育期間ですが、若い方に対しては
「やらせる」仕事には慎重になりたいです。実力はもちろん申
し分ないですが、何をやりたい、どうなりたい、自分にはどう
いう可能性がある、というのをもっと彼ら自身に掘り下げてほ
しい段階だと感じています。なのでまずは、この夏が様々な

意味で彼らが成長する機会になればいいなというのが1番でした。

BE:FIRSTのRYUHEIもそうですし、中学生くらいから芸能の仕事をする人も少なくないですが、この年頃に、歌ったり踊ったりを含めての「仕事」というものを好きになるかどうかは、とても大事なことだと思っているんです。当然スタート段階ではみんな歌やダンスやラップが好きでこの世界に入りますが、その「好き」には個人差があると思うし、最初は趣味の延長である場合も少なくないと思います。さらに言えば、活動への責任もないわけです。

しかし仕事となれば、そこに責任が伴います。ましてやフロントマンともなれば、関わるたくさんの人の人生をある程度背負う必要すらあります。自分たちの歌やダンスを向上させるためにたくさん練習を重ねなければいけないし、本番のために本当の意味でのプレッシャーが掛かり緊張もするし、本番が終わるたびに手応えがあれば喜べるけれども、うまくいかなくて悔しい思いをするときの絶望感は今までの比ではありません。そうした楽しいことばかりではない経験を「仕事だから仕方ない」と捉えるのか、「これも含めてやりがいがある！楽しい！自分はこれをやるべき人間だし、もっとすごいアーティストになりたい！」と思えるのかで、今後がだいぶ変わってくるんです。ずっと幸せに音楽をやり続けてもらうためにも、今は音楽を産み出す原体験として楽しい思い出をたくさん作ってほしいなあという気持ちがありました。

ツアーを機に日本各地を回ることも、彼らにとって単純に楽しいと思うんですよ。3人が夏休みをめちゃくちゃ楽しんでいる

動画や写真でフォルダが埋まっています（笑）。これまでの人生で1番いい夏の思い出ができるっていうことが、今回1番必要なことで、それに尽きますね。

僕がやるのは道を舗装するまで

彼らの場合、BE:FIRSTのようにステージごとに課題を与えていく段階ではないので、毎回が経験としてのトライ＆エラーです。ステージが終わると「今日はここが良かったね」「ここは次、こう直すといいかもね」「あそこはすごく工夫してやってみたんだね」ということを、日常会話に入れ込んでいく。僕とそういう会話を日常的にすれば、彼ら3人だけでする会話もそういう内容になっていくと思います。

そうやって自然と成長していける環境をサポートする認識のほうが強いかな。能動的に音楽が好きになったり、ライブをすることが好きになったり、曲作りが好きになったり。それが1番成長につながるんじゃないかなと思います。3人は配信リリースもしていますが、それもビジネスではなく、3人がもっと音楽やそれを通して触れる世界を楽しんでほしいからなんです。毎日長時間のレッスンをしたって伸びない人もいれば、週1回のレッスンでぐんぐん伸びる人もいる。その差は、1つのレッスンに対しての取り組み方や意識、熱量の違いだと思うんです。その意識や熱量が持てるようにできる限り誘導していく。でも、せいぜい僕がやるのは道を舗装してあげるくらいで、レールまで敷いてしまうのは良くない。

この夏で、3人は見違えるほど大きく成長しました。本当に、全部変わったとしか言いようがないかもしれない。ステージと

215

いう特殊な場に一定の期間上がり続けることで、具体的な技術面はもちろん、心持ちも変わった。特に、「自分はこれをずっとやっていくんだ」という覚悟や意識の芽生えを3人それぞれから感じ取れるようになったのはすごく良かったなと思います。

数年後、彼ら（RUIとTAIKI）が満を持してデビューする然るべきタイミングが来るでしょう。彼らにもそう伝えていますし、グループを組んでデビューすることに対してすごく前向きに捉えています。もちろん、まだ何かを具体的にお伝えできるわけではありませんが、それに向かっての成長の道筋みたいなものは変わらず自分たちで意識したほうがいいですよね。

Novel CoreとAile The Shota、音楽性の高いソロアーティストとして大きく伸びるこの2人へのSKY-HIの接し方もまた、BE:FIRSTとは大きく異なっている。「彼らのやりたいことをかなえる際に、僕自身の知見のデータベースをフルに活用できる」というのだ。

BMSGがマネジメントの会社としてソロアーティストに対して最もやるべきは、「本人たちがやりたいことをやれるようにサポートする」ことになると思います。当然ながら2人とも「何がやりたいか」「何を表現したいか」が明確。だから基本的には、できるだけのチャンスを"投げる"。もちろん、キャリアのあるNovel Coreと今年デビューしたAile The Shotaには違いがあって、Shotaのほうが僕から話さなくてはいけないことは増えるのかなと思いますが、大筋は変わりません。

また、BE:FIRSTの場合と大きく違うのは、彼らのやりたいことをかなえる際に、僕自身の知見のデータベースをフルに活

用できることです。ソロアーティストのほうが、僕が「現役アーティスト社長」であることの恩恵があるような気がします。彼らが直面する不安や悩みの多くは、自分も類似したものを味わっていることですし、ロックフェスやイベント、メディア出演なども、僕が直接話をしに行ける状態ではあるので。自分がソロアーティストとして活動を始めるときにこの環境があったらよかったのに……と、うらやましくも思いますね。だから、今は「過去への優しいリベンジ」のようなもので(笑)。

「不遇」を経たからできていること

ここ数年、少ないスタッフでできることがぐんと増えたから、インディーズにいながら第一線で活躍するソロアーティストも本当に増えたと思います。BMSGも仕事の規模感こそ大きくなってきましたが、本質的には完全に独立したインディーズです。というかそもそも "インディーズ" という言葉がCD時代に定義づけられたもののように思うので、「スタートアップ企業」と言ったほうが伝わりやすいと思いますが。

10年ほど前までは今と違って、マネジメント会社にしろ、レコード会社にしろ、何かしら大きな企業の後ろ盾が必要でしたし、メジャーデビューにも価値があった時代でした。ただ、何かしら大きな力がないと活躍できない状況は、やっぱり健康的じゃないですよね。立場の強い弱いが生まれてしまう時点で健康的ではないし、健康的でないことが当たり前だったわけです。これは自分だけでなく、その時代に音楽をやっていた少なくないソロアーティストが感じていた部分だと思います。

そうした「不遇」を経たからこそできていることもいっぱい

あるわけで。その「不遇」は誰かが悪いわけでもなく、シンプルにシステムが悪いわけです。僕は恐らく人よりも、そこに強い恨みだったり憎しみだったりを感じることになった人間だとは思いますし、今後、僕ほどの思いをする人はなかなか生まれないとは思うのですが……。そうした「不遇」をこれからの世代には絶対に経験させてはいけないから、状況を変えていきたい。BMSG 設立の際のステートメントにも書いたことですが、本当にそこなんです。

47

\# 人を育てる　\# 新たなスローガンの意味
\# 「新人意識」を捨てる必要性

結成2年目に求めるのは
「初心を忘れず」ではなく

BMSGは初夏から大々的な広告クリエーティブを展開し、「新章突入」を
アピール。2022年9月17日、18日に開催された「BMSG FES '22」では、
所属全員からなる「BMSG ALLSTARS」での新曲『New Chapter』も発
表し、「新たなフェーズの始まり」を強く印象づけた。フェス前に「新章と
は何か?」が語られることはなく、何か大きなプロジェクトの発表があると
予想した人も少なくなかったろうが、「BMSG FES '22」ではそれ以上に次
フェーズに対する高揚感や期待感が高まったのではないだろうか。そもそ
もなぜSKY-HIは「新章突入」を掲げたのか、改めて聞いてみた。

　BMSG全体の意識としてスローガンが1つあったほうが次の
フェーズに進みやすいということが絶対にありました。特にア
ーティスト稼業は、レコーディングやリリース、ライブツアーな
どのすべての活動が地続きなこともあり、同じグループでもメ
ンバーによって意識の差が出てしまいやすいんです。例えば
デビュー1年のBE:FIRSTにしても、デビューを「ついこの前」
と感じるメンバーもいれば「すごく昔」と感じるメンバーもいる
と思うんです。そうした意識のズレが起きると、今こそそんな
気配はありませんが、いつかチームワークにも影響が出てしま
う。ただ、他人同士が意識を共有していくことって、限界があ
るんですよね。

　多かれ少なかれほぼすべてのグループにその意識のズレと
いうのは存在していて、その時どうするかというと、みんな諦

めながらやっている。諦めるといってもネガティブな意味ではないことも多く、そういうものだと受け入れながら進んでいくわけです。その諦めを解消する方法はグループ外に立つ第三者のプロデューサーがマネジメントするべきことだと思います。そのために必要なことはいろいろとありますが、今回の場合は全員共通で分かりやすい「新章突入」という1つの旗を立てることでした。

　今は、全員にそれが必要な段階だと思うんです。21年デビューのBE:FIRSTやトレーニーはもちろんのこと、ソロアーティストたちもまだ若手なので、そういう分かりやすいスイッチは絶対にあったほうが良いと思います。自分が発する言葉が彼らに影響を与えることを僕は慎重に考えないといけないし、それが彼らの活動にプラスになったほうがいい。その中で今年のフェーズだと「新章突入」という言葉が1番分かりやすかったんじゃないかと思います。

中身のある「ムーブメント」を作るための大事な年へ

共通意識としての「新章」はおそらくBMSG全員にとっての1つの旗でもありながら、アーティスト個々の課題にもつながっていくと思われる。一方で、彼らを率いる立場としてSKY-HI自身が「新章」に求めるのは、実のある上昇であり、アーティストそれぞれの「今」に対する責任感と「今」を更新し続けていくことだと語る。

　スタートがいいものって多くないなかで、BMSGはいいスタートを切れました。これはいいことに違いないんですが、立ち上げからビジョンとして掲げている「ブームがムーブメントになってカルチャーになる」ことの「ムーブメント」の部分をしっか

りやらないといけないなと考えています。

「今、調子いいね」と世の中に感じてもらえるのって、上っているときなんです。上って、上って、上っていくと踊り場が来る。踊り場が来れば、ちょっとやそっとでは（存在が）揺るがない状況なんですが、まずはそこまで走らないといけない。でも勢いだけで踊り場を目指すのもよくないと思うんです。勢いだけで行ってしまうと何か起きたときに簡単に崩れてしまうから、絶対に実のあるもの、実のある集団にしていかないといけない。

そのためには、特にBE:FIRSTになるのですが、「一度、新人意識を捨てる」ことが大事だと思います。自分は「初心を忘れず」っていい言葉じゃないと思っているんですよね。

当たり前だけど結成時と今では背負っている責任も違うし、置かれている環境も違う。持つべき意識の高さは全く別物であるべきなんです。だから「初心を忘れず」では困る。来年彼らとやりたいことはもうすでにたくさんあるし、全員がさらに階段を上るための新章にしなくてはいけない。

BE:FIRSTは、まずはここまでにつかんだ栄光や成果に対する責任を自覚しないといけない。一方でソロアーティストはこの1年、オーディション「THE FIRST」からの（認知度向上などの）プレゼントもあったと思う。そのプレゼントは「呪い」にも転じやすいわけですが、1年目は仕方ない。ただ、2年目以降にそれを乗り越えられるかは自分次第だと思うんです。自分自身の気の持ちようといったものではなく、作品で更新していくしかない。

　僕自身もBMSG設立から「THE FIRST」までの段階では「AAAの人」という紹介が多かったのですが、今はそう言われなくなってきました。十数年活動してそれなりに名前が知られた肩書すら、短期間で更新できる。今後1年で（Aile The）Shotaにも完全に「THE FIRST」なしで語られる段階になってほしいし、そうなれるように自分たちも頑張らないといけない。まぁShotaに関してはもうほぼ達成できてきているわけですが（笑）。

　そういったことが全員それぞれにある。それが今回の「新章」になると思います。

48

円滑な組織運営　# 全社イベントの意義
メンバー同士の交流

自社興行でフェス開催、
「人生の精算ができた」と感じた

設立2周年となる2022年9月17日、18日、BMSGは初の大規模自社興
行として「BMSG FES '22」を開催。所属する15人全員がステージに上が
るフェスは、BMSGおよびアーティストの過去・現在・未来へのストーリ
ーを強く感じさせる強烈なメッセージを打ち出し、アーティストもまたその
意義に対して全身全霊を込めてステージで表現してみせた。なぜあれほど
までに、内容の濃い場が作れたのか。

SKY-HIはBMSG設立をさかのぼること5年ほど前から、フェスのイメージ
をアイデアとして温めており、設立からほどなく実現に動いたという。そ
の意図の核にあるのは、会社として世間にプレゼンスを示すことや単なる
ファンサービスとしてというよりも、「所属アーティストの未来のため」で
あったようだ。

　　BMSG FESをやりたかった背景には2つありました。設立
3年目を迎えて拡大している今は、BMSGがBMSGとして存
在する意味、アーティストがBMSGに所属する必然性が、非
常に根強く色濃く出ている段階だということ。それは新しい会
社だからこその状態であると同時に、とても尊い状態です。
そのタイミングでフェスを実現したかったのが1つ。もう1つは、
アーティストが音楽活動に飽きることなく、様々な新しい夢を見
られる環境を用意したかったからです。

　音楽を仕事にすると、1年で数回シングルを出してプロモーションで動き、レコーディングをし、アルバムをリリースしてツアーを回り……と、ルーティン化してしまいがちなんです。活動に新鮮味のある最初の1年、2年はまだいいのですが、「仕事」と捉えるようになるとルーティン化し、いくら音楽が好きな人でも、楽しくなくなってしまうことがある。そうならないためにも、将来的に遊べるバッファ（ゆとり、余裕）のあるものを作っておきたいとずっと思っていました。例えば、グループやソロの垣根を越えたユニットで曲作りをしてステージに上がる機会を設けたり、という有機的なコラボレーションがたくさん生まれてほしいなとか。アーティストそれぞれがやりたいことをカジュアルにできる場があると絶対いいですよね。BMSGを続けていくからには、今後も毎年新しい物語がどんどん生まれていくと思うんです。それをきちんと形として作り上げたうえで、演出の転換もない3時間ほどの1つの大きな物語としてライブを作れたら、すごく面白いんじゃないかとずっと考えていました。さらにそれが、楽しく音楽で活動することにつながればと強く願っています。

　あとは、自分はマーベル映画や『アベンジャーズ』シリーズが好きなんですが、BMSGには同じような感覚の人が集まっていて、"全員集合"するアベンジャーズ感が好き。単純にそこが大きいのかなという気はしていますね（笑）。ただ、そういう場って作ろうとしないと作れないものなんです。

　さらに、アーティスト自身が持つあまたの魅力や人間性の中には、ケミ（ケミストリー）のような他者との関係性によって初めて外に出る部分もいっぱいあると思うんです。例えばBMSG FESで言えば、『New Chapter』でBE:FIRSTで最年

少のRYUHEIがグループ外の同世代のメンバーと花道を歩いたり、『ナナイロホリデー』でSOTA（BE:FIRST）とRAN（トレーニー。23年に「MAZZEL」のメンバーとしてデビュー予定）がダンスコラボを見せたりとか。新たなアーティストが増えれば、『New Chapter』のような大所帯でのコラボレートもまた違ったものができると思いますし、今後、「THE FIRST」を知らない多くの人がBMSG所属のアーティストを応援してくれるようになったときにこそ「THE FIRST」の物語を生かしたコラボステージを作れば、分かる人には分かる、伝説のコラボができるかもしれません。

　見ている方にとっても、特定のアーティストだけでなく全体を応援していたほうがいっぱいのワクワクがあるし、そういう場を作るのは自分も楽しい。今回のフェスでも観客席のワクワクが本当にすごかったし、自分も「これだ!」という確信を得ました。

フェスの会場に富士急ハイランドを選んだのは……

会場に選んだのは、富士急ハイランドのコニファーフォレスト。過去にもここでライブを行ったことのあるSKY-HIだが、同規模の会場が数多くあるなか、自身が率いるBMSGでここを選んだのはなぜか。

　富士山が見えるとかもあるんですが（笑）。真面目な話、いくつか理由があります。1番はロケーションがエモーショナルなこと。コニファーフォレストは、引きで撮影したときを筆頭に、どこを切り取っても絵面の良さが秀逸なのです。

　出演者全員が泊まり込みで行かなくてはいけない立地も重

要でした。今回はMV（ミュージックビデオ）の撮影もあったので3泊4日で行ったのですが、初日を迎える前に2泊していると、全員のフェスへの気持ちの入れ込み方が大きく違ってきますし、それは必要なことでした。当然、社運を懸けた興行ですし、アーティストそれぞれにとっても人生を懸けたステージではありますが、その「懸かっている」ことをみんなが感じやすい環境になったのは間違いないと思います。

　ただ、野外フェスを初めて自社興行でやるがゆえの苦労も多かったです。「30人程度の会社でこんな大規模な興行をするのは初めて見た」と言われたのですが、屋内のライブ会場でやるのとは全くわけが違いました。ステージがないだけでなく、入退場の動線はおろか会場への入り口もない。セットの建て込みも、やろうと思えば際限なくできるんです。野外フェスを作るのはこんなに大変なのか、と驚きました。今回、新しいノウハウをたくさん積んだのは自分よりもスタッフだと思います。

　自分が難しかったのは、予算配分とその決定。お金を掛ければ掛けるだけ、できることが増えます。しかも、まだ設立2年とはいえ会社全体を応援してくれる人が多いことを考えると、面白い興行であることはマスト。採算度外視で実現しなくてはいけないことは当然あったけれども、終わったあとに関わった全員が「やってよかった」を共有できたほうが今後にとっていい。だから、ものすごい赤字を出すのも違うわけで、そのバランスの取り方が難しかったです。

　そういった苦労も多かったですが、遠くからステージを見たときに本当に“一国一城”（編集部注：ステージは城をかたどったデザインだった）みたいなものを実感できたのは、このうえない

ご褒美でした。最初に建て込みが終わってセットを見たときと終演後のバラシのときは、自分が立ち上げた会社でこれが実現できたんだ、とすごく感動しました。頑張ってきた成果をもので見せてもらえた気がしたので。個人的にも、想像以上に野外でやれて本当に良かったなという思いがあります。

初日終演後に変えたセットリスト

様々な取捨選択があったなかで、絶対に実現しなくてはいけなかった演出は？

　フェスの最後を初披露の『New Chapter』で締め、曲が終わったと思ったら何の説明もなしに終演する、ですね。クリフハンガー（盛り上がったまま幕を引く作劇手法）が好きなので（笑）。そう言えば、本当は2日目のセットリストでは、最初と最後の2曲を1日目と入れ替え、1曲目を『New Chapter』、最後を『Brave Generation Remix』にする予定だったんです。でも、1日目のBE:FIRST『Gifted.』から『New Chapter』への流れが照明も含めてかっこよすぎたので、1日目を終えた段階で順番を入れ替えないことに決めました。

　これまで、「『少年ジャンプ』的な世界観・価値観が好き」といろんな場所で話してきましたが、最近はマーベルのほうが近いんじゃないかと思います。一例を挙げれば、（BE:FIRSTのSOTA、MANATOと、Aile The Shotaのユニット）Show Minor Savageの登場の仕方もまさにマーベル的。本人たちの意向もあるのですが、イントロが始まる前にステージ上でラフに挨拶を交わす感じには、ワクワクされたんじゃないでしょうか。

　やりたいと思って実現できなかったアイデアもあります。例えば『New Chapter』のMVに出てきた侍だったりが、実際に会場をウロウロしているとか（笑）。

彼のマーベル好きはファンにとってはよく知られるところだろう。BMSG FESの場合は、キービジュアルでの筆文字によるロゴや和を感じさせる衣装、「新章突入」の広告ビジュアルに始まり、城や不死鳥をかたどったステージ美術、開演前の時代劇の登場人物のような音声アナウンス、衣装やヘアメイク、終演後の帰り道を飾る提灯、展開されるグッズなど1つの世界観を貫いているという意味で、マーベル的だった。

　マーベルが世界中で人気があるのも、一貫した世界観が作品を越えて地続きで展開されていて、考察の楽しさがあるところだと思います。BMSG FESでも、ロゴが最初に世に出た時点で、フェスの世界観が伝わるものにしているつもりです。

　音楽ライブって舞台や映画に比べると作り込みが浅いものが少なくないと感じることがあるのですが、BMSG FESではそこをしっかり作り込みたかった。ディズニーランドにいるときって待ち時間も割と楽しいし、ディズニーランド以外の話ってしないじゃないですか。それはすごく大事なことだと思うし、ライブの時間・空間もそうあるべきだと考えていました。

最後にSKY-HI自身の話を聞いてみた。この連載はBMSGの意図や目的、所属アーティストの成長などについて語ってもらうことが軸だが、今回、過去の彼が感じていた出口の見えない苦しみに、BMSG FESを通してある種の区切りをつけられたように強く感じたからだ。

　正直、自分自身がこんなに「やってよかった」と思うとは想

像してなかったところがあります。ほぼ初めて「これをやるために生きていたのかもしれない」という感覚がありました。この十数年の僕を見てきて、今回もライブ制作で入ってくれているショーデザインの石川淳にも、1日目の終演後にまずこう言われたんです。「ここ十数年の諸々は、すべてこの日のためにあったみたいなライブだったね」と。

　自分自身も本当に"人生の精算"ができた感覚を得た瞬間でした。

2022年7月21日
日経クロストレンドFORUM2022より

SKY-HIの音楽ビジネス革命
ネット時代のヒットづくりとは?

オーディション番組「THE FIRST」を開催し、そこから誕生したボーイズグループ「BE:FIRST」を瞬く間に日本のトップグループへと押し上げたSKY-HI。その手腕は、ビジネス的な視点からも注目を集め、経済誌のインタビューや講演などに登場する機会も多い。

ここでは、2022年7月21日に登壇した「日経クロストレンド FORUM 2022」での講演を再録。SKY-HIはなぜBMSGを立ち上げ、THE FIRSTを開催したのか。また、今の時代のヒットに必要不可欠だと考えるものは何か。その思いを語った。(聞き手は吾妻拓 日経クロストレンド編集委員)。

── ラッパー、トラックメイカー、プロデューサーなど幅広く活躍されているSKY-HIさんですが、今回は、20年に設立したマネジメント/レーベルBMSGの経営者として登壇してもらいました。まずは、なぜ20年にBMSGを立ち上げたのですか?

　起業精神は高校時代からありました。自分の好きな音楽が明確にあり、好きな音楽を好きなように突き詰めて、それをその時代に一番適した形で大きくしていくのはかっこいいなあと思っていたんです。アメリカのアーティストで言えばJAY-Z(ロッカフェラー・レコードの創業者、Def Jam Recordings の元CEO[最高経営責任者]などビジネスでも成功を収める)や、Def Jam Recordingsを立ち上げたラッセル・シモンズの本を読んだりして、起業に対する憧れもありました。そもそも僕が10代で「AAA(トリプルエー)」というグループでデビューした背景もそこにあり、当時、貸

しレコード店の店長から好きな音楽を極め続けてエイベックスを作った松浦さん（松浦勝人氏／現同社会長）が日本で1番JAY-Z的な成功を収めた人だったので生で見てみたい気持ちが強かったんです。ずっと会社を立ち上げることは自分のビジョンにありましたが、今のような形とタイミングに決めたのは19年くらいだったと思います。

　世界にインディペンデントレーベルは無数にありますし、音楽業界に限らず、近年では芸能人の独立も多いし、所属するのが自分だけ、もしくは5人程度という形も多いと思います。最初に思い浮かべていたのはそんな形でした。サブスクリプション興隆時代の今、特にヒップホップのアーティストでいえば、個人で楽曲を作ってTuneCore（デジタル音楽配信の委託を行うサービス）などを通してストリーミング視聴に提供することで、普通に食べていけるし、むしろライブをするにしても中間マージンが不要なぶん、ある程度の多い売り上げが得られる。インターネットやSNS、ストリーミングサービスなどの発達によって、シンプルなシステムで活動しやすい環境になっていました。

　ただ、19年頃、自分自身がある程度のキャリアを積んできたときに、自分のもとに多くの相談が寄せられるようになり、その相談内容が、自分が10代や20代前半の頃に抱えていた悩みとさほど変わらなかったんです。やりたいことがあるけれども、例えば世界、特にK-POPでは普通にできることなのに、その土壌が日本にない。種はあるけれども、その種をまく畑がない、どこに植えていいか分からないわけです。

　自分の見た例で言うと、例えばラップで活動するにあたりアンダーグラウンドのヒップホップとの接点が増えるのは必然ですが、そういったアンダーグラウンドたたき上げの出身でありながら、もっと広い意味での音楽シーンや、時に芸能にもコミットしていきたい、と今までとは違う一歩を踏み出したときに、ただそれだ

けで手ひどくいじめられる人もいます。それはごく一部の人がすることだから気にするな、と言う人もいるかもしれませんが、まだ若く、活動を始めたばかりの本人からしたら、それまで応援してくれた人からの手のひら返しはやっぱりすごく怖く感じると思います。

また、ダンス＆ボーカルを志向している人にとっては、その出口は日本の芸能事務所に多くありません。もちろん素敵なダンス＆ボーカルは大手芸能事務所から世に出ていますが、スタイルとかカラーも固まったものが多いと感じます。歌ったり踊ったりという活動を通して自分のアーティスト性を突き詰めたり、もしくはラップをしながら、自分がやりたいことを自分のままで活動できる土壌がないという方が非常に多いわけです。

それがすごく孤独感や閉塞感として高まることは自分も身を持って知っていたので「俺がやらなくちゃいけないやつだ」と。もともと持っていた起業精神とそれが点と点でつながったというか。やりたいことやるべきことがつながったのが19年頃でした。

──社名を「BMSG」にしたのは？

Be My Self Groupの略です。Be Myself＝「自分のままにあれ」。あと、Brave（勇敢な）、Massive（大規模な、超すごい）、Survive（生き残る、生き抜く）、Groove（大いに楽しませる）の4つの頭文字でもあり、もともと25歳の頃にBULL MOOSE（ブルムース）というインディーズレーベルをやっていたことがあり、その遺伝子を引き継いでいる。その3つの意味があります。

──Be Myselfな環境をつくることが、新しい音楽ビジネスにつながっていくと。

ただ、ビジネス面での成功が目的になる組織はうまくいかない

とは思います。BMSG自体も、もちろん目標の1つに組織としての成長は当然ありますが、まず前提としてはBe Myselfです。普通のことに聞こえるかもしれませんが、それがカウンターになってしまう今のその状況は、絶望的な気もします。

日本にはものすごい数の才能が発掘されないまま眠っている

── Be Myselfな環境をつくる過程の1つのステップが私財を投じたオーディション「THE FIRST」だったと思いますが、始めた理由は?

　BMSGの第1弾アーティストはラッパーのNovel Coreですし、自分の経験や知見が誰かの才能の役に立てると思ったのは、ダンス&ボーカルに限ったことではないのですが、特にダンス&ボーカルを志す方の中に肩身の狭さややるせなさ、行き場のない憤りや絶望を感じている方が非常に多かったんです。自分に寄せられるだけでも「話を聞いてください」「相談したいんです」という声がこれだけあるということは、まだ出会ってない、自分のような思いをしている人が日本にたくさんいるんだろうなと。

　日本中にはたくさんのダンススクールがあり、幼少期から習い事として歌ったり踊ったりできる環境にある。それは世界的に見てもまれですし、K-POPのアイドルの数とクオリティーを考えると、日本にはものすごい数の才能が発掘されないまま眠っているぞと。出口がないから誰にも見つかっていないだけで、旗を揚げればたくさん集まってくれるのではないか。そんな確信で立ち上げたのが「THE FIRST」でした。

──「THE FIRST」では、オーディション参加者にSKY-HIさんが丁寧な言葉で何をすべきか伝える姿も印象的でした。

　「THE FIRST」という名前の通り、これはBMSGにとっても1歩目でした。自分の考える最高のグループをつくるぞとか、オー

ディションがはやっているからやってみようなどという浅はかな考えではなく、本当に大切な大切な今後の人生を一緒に歩んでいける仲間探しでもあります。僕自身が「掲げた旗」に集ってくださった方に対しては、本当に感謝してもしきれないんです。結果として今一緒に仕事をしている方もいれば、トレーニー(練習生)としてレッスンを積み重ねている方もいますし、契約などの形を取らない方など様々ですが、すべての方が掲げた旗のもとに集まってきてくれたことに変わりはないですし、本当に感謝しています。立ち上げのメッセージが届いたこともうれしいですし、最大限リスペクトは尽くしたかったのです。

Huluや『スッキリ』(日テレ系)での放送は5カ月でしたが、オーディション自体は10カ月。そのうち合宿は1カ月でした。正確にはそこから最終審査までに3回ほどの1週間合宿もありましたが、最初の1カ月の合宿は何よりも濃い1カ月で、一生の宝物をいただいていると思います。最高の一歩目でしたね。

—— その「THE FIRST」から誕生した「BE:FIRST」は、なぜ短期間で今のような人気グループになったのでしょうか。例えばメンバーを選ぶ際に、今の時代感覚、ボーイズグループが受け入れられている世の中で新しい音楽ビジネスに向けたポイントなどはあったのでしょうか?

いや、ヒットなどは結果としてそうなればよくて、もちろんヒットしてほしいけれども、それは2番目ですね。なぜ「THE FIRST」や「BE:FIRST」が人気を得たかというと、今、すべては「表にばれる」時代だということが背景にあると思います。本気なのか、やりたくてやっているのか、楽しいかどうかということが。20年前、30年前って、1日の中で人間がコンテンツに触れるのは2〜3時間、例えばゴールデンタイムのテレビ番組などに限られていたと思うんです。でも今はその気になったら24時間、何かしらのコンテンツに触れられるから、人間のコンテンツに対する対応力が全然昔とは違います。

　この前もレコード会社の方とお話をしていて違和感があったんです。例えばTikTokなどでは、ティーンエージャーなどが遊びでやっていたことが、インターネットを通じて、その街の遊びから市の遊びになり、県の遊びになり、国の遊びになって、それでヒットする曲がある。それは何匹もドジョウを生むでしょう、遊びなのだから。大人が「ヒットさせよう」と戦略的に使おうとしてもうまくいくわけはないと思っています。

　でも、それはいいことでもあって、「THE FIRST」が他のオーディション番組と1番違ったのも、本当に本気でつくることだったんじゃないかと思います。オーディションの最後のほうは全員が受かりたい、落ちたくないよりも、「みんなでいいものをつくりたい」という人間誰しもが持っている、そういった純粋な気持ちになっていたと思います。

　「環境が人をつくる」と思うのですが、「みんなでいいものをつくりたい」気持ちを大事にする環境であったり、そういったものを尊ぶ環境であったり、尊ぶ仲間が同じ場所に集まった。だから、さらにその環境が加速していく。

　自分が「THE FIRST」でやった1番大きなことって、たぶん「本気で頑張る」とか「本気で夢を追う」「本気できれいごとを言う」みたいなのは絶対いいことだというのを本気で伝えて、その本気が視聴者に伝わったこと。その本気のままだからBE:FIRSTの本気も世の中にすごく伝わりやすいのかなと思います。

　嘘がばれるという意味で言えば、（付け焼き刃の）クオリティーもばれる時代です。我々は歌とダンスと楽曲のクオリティー、クリエーティビティーに手を抜かず本気でやることも大事にして、徹底しています。そうしたことを打ち出しているエンタテインメントの組織や芸能事務所、ボーイズグループは日本にはあまりなかったと思うのですが、単純にクオリティーの高いものを見たい

ですよね。そこをきちんとやれば、たとえ番組放送時には箸にも棒にも掛からなかったとしても1年2年と続けているうちに、「こういうのが見たかった」と世間が思ってくれる日が来ると思うから、クオリティーに手を抜かずにやっていれば絶対大丈夫だと。

結果として短期で大きく支持されたのは、本気のクオリティーや本気の意志が集うものってやっぱり美しいからじゃないでしょうか。

──本気を伝えていくなかで、SKY-HIさんが意識されていたことは？

圧倒的な性善説であり真理でもあると思うんですけど、本当は本気でやりたくない人なんていないと思うんですよ。例えば本気で頑張ることは恥ずかしい、照れくさい、かっこ悪いっていう環境にいたらそうなるし、本気で頑張っても失敗したら恥ずかしいっていう環境にいてもそうなると思うんです。

合宿では、俺が1番恥ずかしいことしていたんで。だって会って1週間でみんなと一緒にお風呂に入って恥ずかしい部分を見せている（笑）。冗談はともかく、ちゃんと本気で接してきて、恥ずかしい部分を見せてきました。

今まで表で話していないことで僕が大事にしてきたことがあるとしたら、例えば100人いれば100人、15人だったら15人、BE:FIRSTだったら7人ですが、完全に同じことを考えている人はいないので、自分が持っている強烈な意志とか旗のもとに彼らを引っ張っていく形はあまり適してないんだろうなとは思っていました。

大事なのは、掲げた旗に対して付いてきてくれた方が、なぜ「いいな」と付いてきてくれたのかをちゃんと気にすること。どうしてBMSGや「THE FIRST」に賭けてくれたのかという理由は

それぞれ違うし、向かう先や幸せの形もそれぞれ違う。そこを忘れずに彼らときちんと接することができれば、きっと信頼していただけると考えました。そうした関係の上で、自分がたまたま彼らよりちょっと早く生まれ、アーティストとしても知見や知識があり、アドバイスできるようなことがあるので、それを彼らにお渡ししていくということです。

―― 先程、「嘘をつかない」というのがヒットの根っこのところにあるという話をされていましたが、コロナ禍を経て「ものの作り方」は変わってきたと感じられますか？

　それは、すごく思います。圧倒的に嘘や見せかけがばれるようになったと本当に思います。

　昔だったらプロパガンダやハイプ（過剰な宣伝）がいい方向に転がっていたと思いますが、それが通用しなくなった。実（じつ）のない信仰みたいなものも、どんどん（虚像が）めくれていっていると思います。嘘が通用しなくなった一方で、本気が尊ばれるようになったと思うので、自分にとっては本当に20年以降の世の中のほうが生きやすいし、やりがいもあるなあという気はしています。

―― ヒットづくりを仮に考えていくとすれば、本気のコンテンツをどんどんぶつけていく以外にないだろうと。

　それしかないと思いますね。かつての新自由主義や10年ほど前にハック思考がはやっていた頃って、数字や影響力が「目的」であり、プロダクトそのものは「手段」だったと思うんです。それを否定するわけではありませんし、本気で突き詰めているのであれば1つの美学だし哲学だし美しいことだと思うのですが、今の時代に1番ヒットする確率が高いものが何かと言ったら、1人の人間の中にある、ものすごく純度の高い「本当にやりたい

こと」を、本当にやりたい形でフルにやれたときに生まれると思います。きれい事のように聞こえるかもしれませんが、ドライに考えてもそう思いますし、とにかくその「純度の高さ」が大事なんじゃないでしょうか。

—— コンテンツを見る側、例えばファンの人々の心理も変わりました？

たぶんそうだと思います。（コロナ禍という）圧倒的なファンタジーが現実に起こってしまったじゃないですか。今まで「現実から逃げるためのファンタジー」としてエンタテインメントが機能していた側面っていうのは確実にあったと思いますし、今後も当然ゼロになることはないと思うけれども、現実から逃げるためのばれない嘘を尊ぶ形から、本当のものをちゃんと見たいという方向に変わってきているように思います。本当のものが1番感動を生むのは昔からですが、もっとカジュアルに本当のものを見たい気持ちは増えているんじゃないかなと思います。僕も「本物」っていう言い方は好きじゃないんですが、でも見せかけでなくて実（じつ）のある「芯のあるエンタテインメント」「芯のあるきれい事」「芯のある関係」を求める傾向は、コロナ以降で加速したように思います。

自分はコロナ前からそういう形でやっていましたが、あつれきをそこここに生んでしまいました。ファンの方からも「なぜあなたは嘘をつかないのだ」「なぜあなたはステージに立つ人間なのにフィクションをしないんだ」などと言われ続けてきて、それは僕自身の大きなトラウマにもなっていたんです。でも、コロナ禍以降およびBMSG設立以降、「THE FIRST」以降はどんどんとそれが薄くなりました。今はスーツを着てネクタイを締めていても、ステージ上にいても、BE:FIRSTのレコーディングに立ち会っていても、どんなときも自分のままでいられます。スタッフと話すときとアーティストと話すとき、ステージの上からファンの方に話すときのテンションも常に変わらずにいられる。いつでも自分の

ままでいられるので、生き物としてすごく楽なんです。

「びっくりするくらい（B）マジで（M）素のまま（S）頑張っています（G）」で、BMSGなんですよ（笑）。

「新章突入」を機に新規の流入を増やしたい

—— これから新しい音楽ビジネスをつくっていくのに、必要なものは何ですか？

ここまで話してきたことに加えるとしたら、他とのユニティのような気がします。

1つの権利や利益を独占することが「成功」だった時代があったと思うんですが、これからは、横のつながりを持って「みんなで頑張る」ことが大事な気がしますね。

韓国ではBTSが世界的な名前の残し方をされています。彼らは急に大ヒットしたかのように思われがちだけれども、K-POPは、（1998年にデビューした）SHINHWA（神話）から東方神起、BIG BANG、BTS、NCT、Stray Kidsなどへと切磋琢磨（せっさたくま）し合いながらバトンをつないでいっている。それこそユニティみたいなことがないと。経済も自由競争がなかったら発展しないじゃないですか。だから、ユナイトとフリーダムが重要だと思いますね。

—— BMSGは「新章突入」の広告で渋谷をジャックしました（編集部注：BMSGは6月8日から14日の1週間、渋谷に全11種のクリエーティブを掲げた。さらには謎解きの要素があり、一連の広告から「新章突入」のメッセージや日付が読み解ける仕掛けになっていた）。どんな意図があったのでしょうか？

結論から言うと、9月18日はBMSGの設立2周年で、9月17

日、18日に「BMSG FES '22」という自社最大規模のイベント
を開催します。掛けるお金で言ったらTHE FIRSTの何倍もの挑
戦で、そこに向けて盛り上げたい。BMSGや所属アーティスト
を応援してくれている方は、BMSGはすごい勢いがあると感じて
くれていると思うんですが、その勢いをさらに世の中に広く伝え
ていくために大事なのが、こうした宣伝をしていくことだと考えま
した。単に、「9月17日、18日に富士急ハイランドでBMSG FES
'22をやります」と書かれていても印象に残らないじゃないです
か。ならば何か面白いことをしてみたいなと思ったんです。

　この新章突入を機に、新規の方々の流入を増やしたいという
狙いもあります。僕、シリーズものの映画が好きなんですけど、
『スター・ウォーズ』やマーベル作品でも、新規の方々が入りや
すいタイミングって新しい展開が始まる「新章」じゃないですか。
また、今後BMSGが明かしていくであろういろいろなことを総称
すると、「新章」だろうと。僕の頭の中が『少年ジャンプ』でで
きているものだから、こんな仕掛けをしました（笑）。

――お時間が来てしまいました。今後のSKY-HIさんの音楽ビジネス革命
に、我々も本当に注目したいと思います。本日はありがとうございました。

　極力ハードル上げずに褒めていただけると（笑）。ありがとうご
ざいます。

BMSGの現在 ―― 2年半の社長業を振り返って

世の中をもっと良くしていきたい
そのために、この会社を大きくしないといけない

2020年9月18日にBMSGを設立、第1弾アーティストとしてNovel Core
を迎え入れるとともに、のちに「THE FIRST」と名付けられたボーイズグ
ループオーディションの開催を宣言したSKY-HI。あれから1年3カ月。オ
ーディション「THE FIRST」から生まれたBE:FIRSTの7人は21年8月の
プレデビューからヒットを連発し、瞬く間にダンス&ボーカルグループで唯
一無二の存在となった。また、「THE FIRST」からは卓越した音楽的セン
スを持つAile The Shotaをソロアーティストとして、当時15歳のedhiiiboi
を驚異の中学生ラッパーとして世に出した。「THE FIRST」に参加した
RAN、REIKO、RUI、TAIKIはトレーニーとしてBMSGに所属し、23年春
には、RANが加入する2つ目のダンス&ボーカルグループ「MAZZEL（マ
ーゼル）」のデビューも控えている。

『日経エンタテインメント!』での取材は21年3月から始まったが、この2年
弱でSKY-HIはBMSGを音楽業界の一大勢力として大きく成長させてきた。
本書最後の取材では、設立からの紆余曲折、自身の経営者としての意識
の変化を振り返ってもらった。

　自分のやるべきこととして、閉塞した日本の音楽業界を変え
たい、「クリエイティブファースト」「クオリティファースト」「ア
ーティシズムファースト」の環境を作るというビジョンを掲げて
起業したので、シビアな現実は想像していたし、その想像を
超えるシビアさもたくさんありました。ここまでシビアか!　とい
うことの連続で。ただ、経営者としてはようやく違うレイヤーに

進めた手応えもあります。

　僕の同級生で、自分の半年ほど前に起業した人がいるんです。彼の会社の名前を自分が付けたし、今では業務上でも絡むことが増えてきて。起業してほぼ1年はお互いに余裕がなかったし、今もスケジュール的な余裕のなさは変わらないのですが、以前より精神的には余裕が出てきたのかな。最近、「1年目は"社長ごっこ"だったね」という話になったんです。登記すれば誰でも社長になれますし、設立したての段階ではそれぞれが経営者として勉強を積み、僕自身の話で言えば、アーティストやプロデューサー業と社長業は通じるところがあると感じていました。いい仕事をするうえで、決して「なんとなく」で進めず、自分にとってのベストを追求するために日々行動していくという点は共通するのかなと。

　ただ、「BMSGはこうあるべきだ／こうしていくべきだ」「これはしてはいけない」などを掲げて起業したし、当初、社長はそうしたステートメントやビジョン、ミッションを掲げる役割だと思っていたんです。だから、そうした部分は全力でやっていましたが、今思えば、プロデューサー業の延長線上にあるものに過ぎなかったのかなと思います。

　経営者が持つ1つの側面として、今もそれは正しいと思います。ただ、創業者と経営者、始める人と大きくする人がすべき仕事は違うものだ、と認識していなかったんでしょう。走り出して感じたのは、経営するには目標を掲げるだけではなく、掲げた目標に向かっていくための具体的な導線がなくてはいけない。ならびに、やりたいことを実現するために会社を大きくしていくこと、すなわち「法人格」という会社の人格を成長

させていくことの必要性を強く感じました。会社として常に成長・成熟し続けなくてはいけない。だから2年目はそれを意識して、BMSGの人材採用からコーポレートガバナンスを強化し、働く1人ひとりの幸せや、法人を社会の中で運営する責任などを考えるようになりました。

組織崩壊の危機で知った「任せる」と「預ける」の違い

意識の変化のきっかけはいくつかありますが、その1つが「仕事を任せる」ことの意味を知ったことです。21年半ば頃まではスタッフ5～6人ですべてに当たっていて、みんな当然初めて経験することが多かった。その中で経験のある人がいれば、「任せる」というよりも「預ける」ことの側面が強かったかもしれません。その頃は僕も起業後、1番の大きなプロジェクトである「THE FIRST」に100%身を投じており、経営者とはいえ、1年目はそれしかやっていなかったと言っても過言ではない状況でした。

ただ、経営者が経営をしないと、たった5～6人の社員規模でも、組織が組織として機能しなくなる。2年目に入った21年9月頃から組織の崩壊を感じました。あの頃が1番しんどかった時期です。

組織としての危機は、得てして業務量が増えてきたときに問題が表面化するので、大きな問題となりました。その状況を改善するなかで、具体的には一緒にお仕事をしていた提携先の契約を切ったり、見直して交渉するなども行いました。人手不足だからなんとなく作業を分担していくというのではなく、会社が向かっていきたい方向に向かってシビアに人材を採用

していくことなどを進めていきました。

　また、おこがましいことに僕自身が社会人2年目の立場でありながら注意や指導をする立場になったわけですが、「THE FIRST」でアーティストの卵である方々に行ったこととの親和性というか、コーチングそのものは（アーティストの卵に対してでもスタッフに対してでも）一緒だと気づき、結果的に危機を乗り越えることができたのかなと思います。

　それを乗り越えて初めて自分が経営者として全業務において責任を持ち、誰かに仕事を「任せる」ことができるようになりました。「預ける」から「任せる」に変わっていく最中に、社員やスタッフから、アーティストとしてだけでなく社長としてのリスペクトも得ることができたように思いますし、そのことが自信になってさらにリーダーシップを取っていくことができるようになりました。結果として今、会社の空気はとてもいいですし、初期メンバーとの共通意識として、あの危機を思えば、今我々がやっていることは確実に会社を良くしているし、いい方向に向かっていると再確認する出来事になっています。

「最もしんどかった時期」には、多くの人からアドバイスを受けたという。その頃、「THE FIRST」を通してSKY-HI自身への周囲の評価が高まっていたことも助けになった。

　「THE FIRST」というプロジェクトを成功させていること、番組内で見せる参加者への接し方がクローズアップされたことにより、周りの経営者の方々からも一定の評価を少しだけ得られるようになったタイミングだったので、少し深いレイヤーで話を聞いていただけるようになり、相談することの質も変える

ことができました。「自分はどういう部分で経営者として見どころがあるのか」「逆にどういう部分が経営者として失格なのか」というような話を様々な方にお伺いしました。当たり前かもしれませんが、その中で「社長として経営をしっかりやっていくぞ」という意識も高まったし、「これから何をしていけばいいのか」も少しずつ明確になってきた。とは言え、まだ社長としては2歳です。まだ成せてないことのほうが多いので、いろいろな方に感謝しながら日々生きています。

それでも、少しずつではありますが明確に仕事の質やレイヤーは変わってきましたね。特に共同レーベル「B-ME」でBMSG設立当初から関わっているエイベックスさんをはじめ、一緒にお仕事をする機会が増えているstuさんなど、挙げるときりがないのですが、他社の方々と仕事を進めていくことも広がりを持ってきたと思います。

「僕がやりたいこと」を「僕たちがやりたいこと」にする

社会人3年生、社長として2歳半。アーティスト人生の長いSKY-HIは「アーティストって社会性のない生き物だったんだ」と感じることや、「自分は変わっているのか」と気づかされることも多々あったと話す。

自分は最近「変わっている人だ」と言われるんですが、変わっている認識は一切なく、普通だと思っているんです。でも一般的な社会人の行動とはどうも違うらしい。それは「24時間仕事をしてしまう」のように、良い方面にも出ていますが、当然「常識外れ」というのはリスクや弱点もあります。そうした常識を知っていてできないのと、知らないのとでは大違いですよね。例えばタイムマネジメントが得意な人と不得意な人

がいる。社会人だったら「自分は苦手だ」と認識する必要が
あるし、認識しているからこそ、改善するか得意な誰かにお
願いするかの対策を打てる。でもアーティストの場合は、「まぁ
アーティストだからね」で済まされてしまうことも多いため、反
省や成長につながりません。それぞれの性質があるので、す
べてをできるようになる必要はありませんが、認識しないとな
ると問題です。僕は大事な用事で銀行に行くときにも何も持た
ないで行ってしまうような人間です。だからそこは素直に甘え
て、銀行に行く前には秘書の方に子どもの遠足のように持ち
物リストを作ってもらって(笑)。

　これは一例に過ぎませんが、そういうところがいろんな部分
にあるんです。ただ、それを社員が最低でもつっこめる空気に
しておかないと、たとえ社員が僕をリスペクトしてくれていたと
しても、いや、リスペクトしてくれているがゆえに、「こういう部
分は社長の手が回らないから、社長に報告しないでこっちで
片付けておこう」となっていく気がするんですね。それは「任
せる」とか「率先する」とは違って、単なるコミュニケーション
の不備です。そうなると、会社は健全な成長ができないから、
大きくなっていかないんじゃないかと思います。

　「THE FIRST」が始まった頃、本誌のインタビューで「(アーティストやグ
ループのメンバーとして) 自分を殺すチームワークはいらない」と語っていた
SKY-HI。ややもすれば「自分を殺さなくてはいけない」ことも多いと思わ
れる経営者としても、彼は「自分を殺さない」を一貫させていた。

　「自分を殺す」ことはなかったですね。どちらかと言うと、
「自分がやりたいこと」を「会社がやりたいこと」にする作業
が必要だと考えています。「自分がやりたいこと」を全スタッフ

に周知し、それが「社員1人ひとりのやりたいこと」になる状況や空気を作らなくてはいけない。会社というのは個人が集まっているものだから、個々にはいろいろな考えがあるのが当然です。でも、「僕がやりたい」ではなく、「僕たちがやりたい」としっかり言える組織にしないといけない。そういう意味では「社長が強いリーダーシップを発揮しなくてはいけない」ことの真意が本当に分かったのは、この半年くらいかもしれません。

　例えば「アーティシズムファースト」というのは、アーティストが自分の特性を存分に発揮できる環境を作ること。でも、それと、ただ単にアーティストがやりたいことに対してすべて「イエス」としてやっていくのは違うことだと思います。既存のボーイズグループの常識以上に「クリエイティブファースト」「クオリティファースト」を実現するために、彼らのプライベートも含めて24時間管理しなくてはと考える人もいると思いますが、それは自分がやりたいこととは違います。杓子定規に動くことを防ぐには、規則も大事ですが規則以外のところが大事で、それは直接話をしながら伝わっていくようにしないといけません。そうした1つひとつのコミュニケーションを取ることはとても大事で、そのうえで心から賛同いただけたときに初めて主語が「僕が」でなく「僕たちが」に変わるのだと感じます。

BMSGをもっと「影響力のある勢力」にしたい

数多の経験と理解を経て生まれた、SKY-HIが考える「経営者」としてのミッションは？また、社員やスタッフ、アーティストと接するときに大事にしていることとは？

　1つは、「世の中を良くしないといけない」。それを強く感じています。僕は音楽業界に対しての問題意識を持ち、その問題の改善を掲げて起業しました。それは正しいことですが、今考えると少し視野が狭かったようにも思うんです。音楽やアーティストが世の中に与える影響についてもっと自覚的になって、それが良い方向に動くように心掛けなければいけません。ただ聖人君子であればいいということではないし、むしろ逆の時もあるべきだと思います。もう1つは「会社を大きく強くしないといけない」。そうして、「会社の健全な成長」と「社会の成長」をしっかりつなげる必要があるのかなと思います。その2つが紐付くことで、最初に掲げていたようなビジョンに向かって、初めてタクトを振れる気がしています。

　ビジョンを持つだけではダメで、そのビジョンが社員やスタッフ、アーティストたちも含めた人々の社会生活をどう良くしていくかを具体的に説明でき、進めていければ、みんな幸せに仕事に取り組めると思うし、それがうまくいけばいくほど、周囲にも幸せな人が増えていくから会社は大きくなっていくし、さらには世の中もいくばくか良くなっていくのだと思います。

　スタッフやアーティストに接するときに大事にしているのは、「嫌われない」こと。「この人、嫌だな」と思われたら、何を言っても聞く耳を持たれなくなると思うんです。だから「嫌われるようなことをしない」のは大事なことのような気がしています。みんな嫌われたくはないと思いますが、そのために「優しさ」「嘘をつかない」「素直」の3つが自分の哲学としてあります。これ以外はあまり是としてないかもしれない。

　BMSGは"新風"ということではなく、「影響力のある勢力」

としてちゃんと存在しないといけないと考えています。起業時に掲げたようなビジョンは間違いでないという確信が持てたからこそ、それを推進するためには社会的な影響力もあればあるほど良いことも感じています。それがあることでBE:FIRSTの成功が"まぐれ当たり"にならない。背景には運や縁があったとしても、案や因が確かなものであった自信もあります。

　会社が影響力を持ったり、先ほど言ったような「僕たち」として共有できる意識があれば、僕個人がプロデューサーでいること以上に、BMSGという組織が関わることによって、良質なクリエーションが生まれるというフローができます。そうなるとBE:FIRSTが2年目も3年目もそれ以降もどんどん大きく成長していけるし、新規のアーティストにとってもいい環境ができる。そうした流れで、さらに会社が影響力を持つ好循環ができるし、「BMSG FES」のような取り組みも、もっと大きなものとつながっていける。事業規模が大きくなれば、トライできる取り組みも大きくなっていく。だからこそ、会社を大きくしていく必要があるなと思っています。

あとがき

　今振り返ると、我ながら面白い連載ですね！　しゃべり尽くしている……（笑）。

　そして、このしゃべる時間、というものが自分にとってはとても大きな意志の明確化になっていたと思いますし、これからも大切にしていきたい作業だなと強く思いました。

　強い問題意識を抱えて起業しているものの……そしてそれが必要であるという手応えや成績を残しているにもかかわらず、多くのスタートアップやビジネスパーソンがそうであるように、日々の業務に忙殺されてしまうと意識をアウトプットする機会が少なくなってしまい、いつしかその意識自体がボヤけていく……という危険は本当にいつも隣で身を潜めているので、改めてとても助かる時間でした。

　会社組織のマネジメント、クラスのマネジメント、家庭のマネジメント、そして何より自分自身のマネジメント。それらはすべて一言で言ってしまえば“他を尊重して自分を尊重するコミュニケーション”にほかならないと思います。それを皆さんにもおすすめしたいですし、この本はそのお手伝いができるものになれているような気がします。

　情報を摂取しようとすれば無限に摂取できる現代だからこそ、時にインターネットから距離を置いてコミュニケーションを取る、周りにいる人間や自分自身に向き合うという時間を取っていきたいですよね。

さて、そして文中でも何度も話していますが、自分が生息している"音楽芸能"の世界は、今、大きな転換点にあることは間違いないです。

やらねばならぬこととやりたいことは枚挙に暇がありませんが、自分も何度もこの本やそれを話しているときの自分とコミュニケーションを取って、すべてをマネジメントしていこうと思います。

転換点とは申しましたが、時代なんてあるとき急に変わるものではなく、気がついたら変わっているものですから、その最中でこの本を経過したあなたの人生が、時代が、素晴らしいものになっていることを祈ります。というか、なると思う。あなたもこの時代を動かしていることをどうか忘れないでください。すごいぜ、すごいことしてるぜ。一緒に頑張ろう。

最後に日経エンタテインメント！様、横田さん、山本編集長、そして関わるすべての方々に愛と感謝とリスペクトを込めて本書を締めさせていただきます。

SKY-HIでした。

では、また音楽の鳴る場所で会いましょう。

2023年3月

SKY-HI

1986年12月12日生まれ、千葉県出身。2005年、AAAのメンバーとしてデビューし、同時期から「SKY-HI」としても活動をスタート。SKY-HIの名前の由来には「空のように高く無限の可能性を」というメッセージを含む。以降、ラッパー、トラックメイカー、プロデューサーとして幅広く活動。卓越したラップ＆ダンス＆ヴォーカルスキルと豊かな音楽性を備え、ジャンルの垣根を越えた他に類を見ないパフォーマンスを見せる。自らバンド音源や演出、照明に至るまでプロデュースするライブツアーは毎度完売が続出。発表する作品群も、リリシストとしての力量を遺憾なく発揮した詞、緻密に計算されたストーリーとメッセージが詰まった広い振れ幅などで評価される。2020年にはBMSGを設立し、代表取締役CEOに就任。第1号アーティストとしてNovel Coreと契約したのに続き、2021年にはオーディション「THE FIRST」をスタート。BE:FIRSTを瞬く間にトップアーティストの座へ押し上げるなど、音楽界に新風を送り込む存在として、その手腕に注目が集まる。

写真	上野裕二
スタイリスト	安本侑史
ヘアメイク	椎津 恵
ブックデザイン	山﨑将弘
制作	エストール
編集協力	日高郁子
編集	横田直子　山本伸夫

マネジメントのはなし。
あなたは改革を実現できる。

2023年4月3日　第1版第1刷発行
2023年7月18日　第1版第2刷発行

著者　　　　SKY-HI
発行者　　　佐藤央明
発行　　　　株式会社日経BP
発売　　　　株式会社日経BPマーケティング
　　　　　　〒105-8308　東京都港区虎ノ門4-3-12
印刷・製本　図書印刷株式会社

©SKY-HI 2023 Printed in Japan
ISBN 978-4-296-20163-1

本書籍に関するお問い合わせ、ご連絡は、下記にて承ります。
https://nkbp.jp/booksQA